中国政法大学互联网金融法律研究院文库

李爱君 主编

实务系列 03

中国大数据法治发展报告

（2018）

李爱君 主编

法律出版社 LAW PRESS·CHINA

编 委 会

序

人类社会正在走入大数据的时代，在网络技术不断成熟的今日，数据已成为人类未来发展的新能源，并且改变着人类的生存方式、企业的经营模式、国家政府的管理模式，深刻影响着政治、经济、文化的发展，引领着人类社会发展的历史潮流。习近平总书记指出："大数据发展日新月异，我们应该审时度势、精心谋划、超前布局、力争主动，深入了解大数据发展现状和趋势及其对经济社会发展的影响，分析我国大数据发展取得的成绩和存在的问题，推动实施国家大数据战略，加快完善数字基础设施，推进数据资源整合和开放共享，保障数据安全，加快建设数字中国，更好服务我国经济社会发展和人民生活改善。"习近平总书记的讲话明确了大数据发展在我国经济和社会发展中的重要地位，为大数据的发展和应用指明了方向。

《中国大数据法治发展报告》宗旨为：以大数据应用的法制研究为核心，以推进大数据产业实现规范与发展并举、创新与风险防范并重的立法研究为目标，为以国家安全是核心、经济主体安全是关键、自然人安全是基础的大数据发展的法制环境献计献策和助力助推；报告的研究方式是对我国大数据的法治发展状况进行问卷调查和实证研究，以此了解大数据应用中的法治状况和问题，并通过状况和问题的研究为国家大数据应用法制建设提供实证和理论依据。

与 2017 年发布的《中国大数据法治发展报告》不

同,《中国大数据法治发展报告(2018)》不仅对我国大数据法治发展的总体情况进行了总结,还着重梳理和分析了2018年度的大数据法治发展情况,其目的在于更加直观地展现我国大数据法治在不同年度、不同阶段所展现出的发展特点和发展趋势。

2018年政府的数据开放和共享问题及数据交易的合规问题等成为大数据法治发展的新热点,结合这一发展趋势,《中国大数据法治发展报告(2018)》在前部报告的基础上,增加了“政府数据开放与共享现状”和“大数据交易中心综述”两个部分,并在第十部分的指数报告中,相应地对地方政府大数据法治评估体系进行了补充和调整,增加了对我国大数据交易平台合规运营指数的评估。

《中国大数据法治发展报告(2018)》在报告内容和指标体系设计等方面都进行了一定的调整和改进,但作为一部尚在提高和完善中的报告,仍不可避免地存在较多缺憾和不足。望在社会各界的指导、支持和呵护下,《中国大数据法治发展报告》能够成为一系列更加成熟、更加科学、更加权威的品牌报告,为大数据法治发展的参与者和关注者提供更准确、更全面的信息和内容,为加快大数据法治理论研究的进程,促进数据资源转化为社会经济资源,推进国家大数据战略实施,助力我国成为世界数据强国。

李爱君

2019年2月14日

Contents

目录

一、大数据法治理论研究评述

随着大数据时代的迅猛发展,数据已经渗透到当今每一个行业和业务职能领域,成为重要的生产因素。人们在对海量数据进行挖掘和运用的过程中,逐渐产生了新的法律关系,引发了新的法律问题,面对越来越多、越来越复杂的社会问题,急需发挥法律的作用,用法律规制大数据的应用与发展,引导大数据发展法治化、规范化。因此,大数据法治的理论研究势在必行。

从2013年大数据法治研究萌芽到今天的逐步步入正轨,我国大数据法治理论研究已经形成了自己的发展特色,理论研究范畴已经横跨民法、刑法、经济法、知识产权法、国际法等多个法学学科,涉及数据与大数据的法律性质、权利属性和权利归属,数据应用法律关系,个人信息及隐私权保护,数据主权及跨境流动,数据垄断与不正当竞争等多个方面的法学研究。

本部分选取论文、专著、研究课题三个指标,通过对三个指标的分析,介绍大数据法治理论研究的现状,重点对2018年各项大数据法治相关研究成果的产出情况进行统计展示,总结其主要侧重的研究要点,得出2018年相关数据的新变化,再对其近几年的理论成果、研究热点进行总结,最后对大数据法治未来的理论研究趋势进行预判。①

(一)研究现状综述

2018 年我国学界对于大数据法治的理论研究热度不断上升,在研究成果的数量上呈爆发式增长态势,无论是论文、课题还是出版专著,研究产出量相较于之前年份都明显增多,研究质量显著提高,研究深度不断增强,研究领域逐步扩大。2018 年我国各类期刊发表的大数据法治研究论文达 270 篇,出版专著 17 部,已立项的研究课题 25 项(见图 1 – 1),可见大数据法治理论研究的热度。但是总体来讲,我国的大数据法治理论研究还处于初期阶段,研究范围相对狭窄,研究内容较为零散,缺乏深入、系统化的理论研究成果,对于一些基本问题还未能达成一致意见。

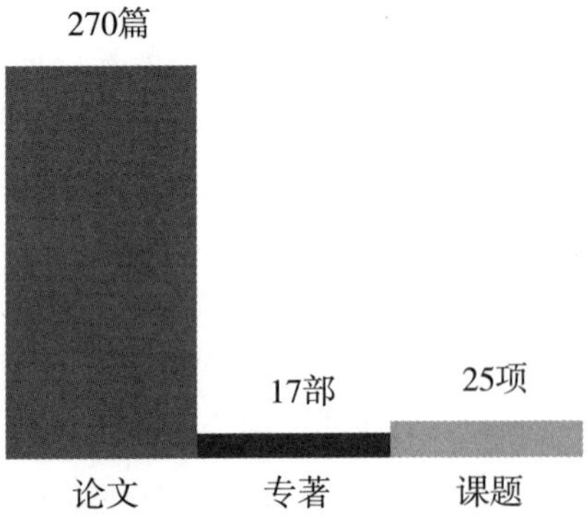

图 1 – 1　2018 年大数据法治理论研究成果

在论文方面,2018 年知网可查询的刊登于各类期刊的大数据法治研究论文达 270 篇,其中刊登于列入 CSSCI 目录的法学核心期刊的文章为 25 篇。研究的主要内容集中在个人数据、信息安全与信息保护、隐私权、被遗忘权、数据权属、数据确权、数据法律性质应用等法律问题。除此之外,数据垄断、数据竞争、大数据版权问题以及数据跨境流动、数据法治体系建设等问题也受到了许

① 本部分数据统计时间截至 2019 年 2 月 20 日,数据来源为"中国知网""中国图书出版数据库"等中文数据库及中国法学会、中华人民共和国教育部、全国哲学社会科学工作办公室等机构的官方网站,检索内容为标题名称中包含"大数据""法律",或"大数据""法治",或"个人信息",或"个人隐私"的学术文章、专著和课题。我们已尽力实现相关信息的真实性、完整性和全面性,但并不对其准确性做出任何明示或隐含的保证。

多学者的关注。

专著方面，日前出版的大数据专著大多数仍局限于技术层面的研究，虽然部分综合性数据研究专著中对大数据法治问题有所涉及，但对于大数据法治进行专门研究的专著仍显匮乏，缺少对大数据法治进行系统研究的专著。2018 年新出版了 17 部专著，其研究内容主要集中在个人数据保护立法、大数据知识产权问题、个人信息保护、大数据在刑事侦查中的应用以及我国的大数据法治体系建设。

课题方面，2018 年我国公布的已立项的大数据法治理论法学研究课题共 25 项，其中国家社科基金课题 11 项，教育部人文社科基金课题 5 项，法学会部级课题 9 项（见图 1－2）。课题研究方向涉及大数据证据、数据交易、数据知识产权、个人信息保护、数据驱动垄断与限制竞争、数据权利、数据权属、数据跨境流动以及具体领域的大数据应用等。

图 1－2　2018 年已立项的大数据法治理论法学研究课题

从 2013 年开始，我国陆续开始有大数据法治研究的论文发表，中国法学会也开始有相关的课题立项研究。2013～2017 年的 5 年间，我国各类期刊发表的大数据法治研究论文 350 余篇（其中刊登于列入 CSSCI 目录的法学核心期刊的文章为 12 篇），出版专著 10 余部，已立项的研究课题 42 项。综上，2013～2018 年，我国各类期刊发表的大数据法治研究论文共计 620 篇（其中刊登于列入 CSSCI 目录的法学核心期刊的文章为 37 篇），出版专著 27 部，已立项的研究课题 67 项（见图 1－3）。

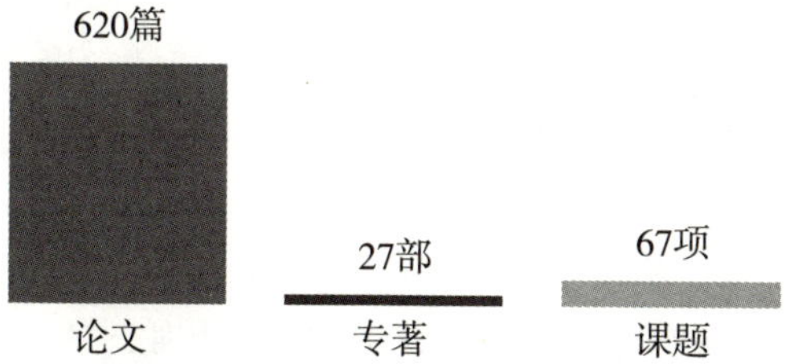

图 1－3　2013～2018 年大数据法治理论研究成果

(二)理论研究现状评析

1. 研究趋势

本部分主要对现有大数据法治理论研究成果的数量及研究方向进行分析。

从大数据法治理论研究成果的数量来看,论文方面,2013~2015年是初步发展阶段,研究数量相对较少,从2016年开始,论文发表数量明显增多,法学学者对大数据法律问题的关注度大大提高,到了2018年,相关论文的发表总数更是以成倍增长的趋势增加。

2013年发表大数据法治研究论文8篇;2014年42篇,其中2篇发表于核心期刊;2015年90篇,1篇核心;2016年162篇,5篇核心;2017年173篇,9篇核心;2018年270篇,25篇核心(见图1-4)。从中看出,法学界对于大数据法治的研究热情不断升高,在研究质量上也实现了明显的提升,无论是在论文产出总量还是在论文研究质量上,相较往年,都实现了稳步增长。

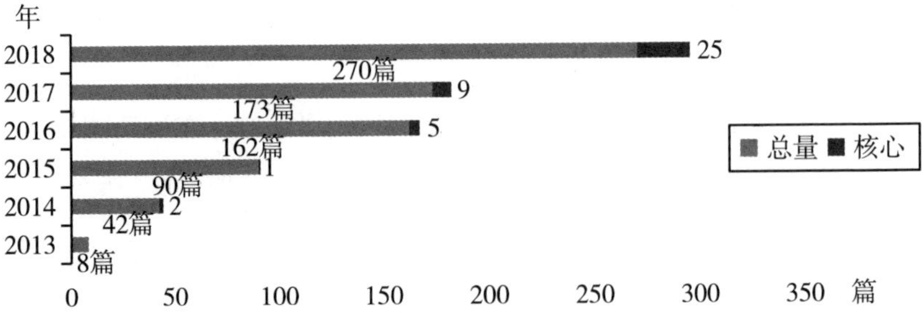

图1-4　2013~2018年大数据法治研究论文

在大数据法治专著方面,2013~2017年,每年都有大数据法治相关研究的专著出版,但数量始终不多。其中,2013年1部,2014年1部,2015年5部,2016年和2017年各2部。2018年大数据法治专著领域逐渐升温,出版物数量较以往年份成倍增长,尤其是在2018年9~12月,迎来了多部大数据法治相关著作的集中出版,截至2018年12月底,2018年全年共出版大数据法治专著17部(见图1-5)。从这些数据可以看出,大数据法治专著领域逐步得到人们的关注与重视,现在已经有越来越多的学者开始进入大数据法治领域并对此展开深入研究,预计2019年大数据法治专著的数量会进一步提升,总体上将朝着更好的方向发展。但是从总体上来看,大数据法治专著在总量上仍然寥寥无几，部分领域的研究仍然相对空白，相关学者对此涉猎仍然不多，2013～2018年专著产出数量都没有太大波动，一直保持在一个较低的产出量水平线上，在个别年份还有下降的趋势，与论文、课题相比，专著无论是在数量还是质量上都处于劣势，仍待进一步充实完善。

图1－5　2013～2018年大数据法治相关研究专著

在课题方面，大数据法治研究的法学课题共67项，其中在2013年立项5项，2014年立项5项，2015年立项9项，2016年立项12项，2017年立项11项，2018年立项25项（见图1－6）。从6年来的课题总数来看，大数据法治研究的法学课题数量稳步增加，部分课题已取得了初步的研究成果，多以论文的形式发表。

综上所述，大数据法治理论研究的成果在数量上正在迅速增长，论文、专著、课题百花齐放，研究成果的产出量不断增多，大数据法治的整体理论研究更加系统和深入。

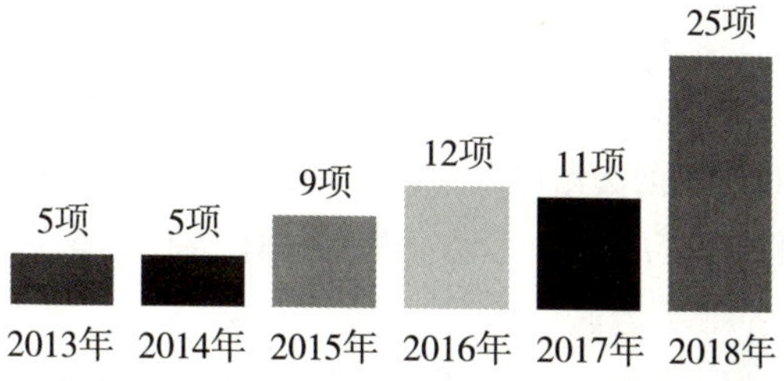

图1－6　2013～2018年大数据法治课题数量

从论文研究的内容来看，在2013～2017年5年间的350余篇大数据法治论文中，关于个人信息保护问题130余篇，对隐私保护和被遗忘权进行研究的111篇，数据属性、保护及其收集、存储、交易问题53篇，大数据背景下的知识产权研究论文20余篇，关于数据跨境流动及数据主权研究的论文12篇。其余的论文则是在大数据技术的背景下，对某一具体的法律问题进行研究，研究领域广泛、主题多样，如侦查大数据挖掘技术应用的法律指引、数字遗产的可继承性等。2018 年在论文研究内容上，保持了传统研究方向的同时，学者们又开拓了许多新的研究方向，开始关注更多领域内的数据应用，具体来说，2018 年关于个人数据、信息安全与信息保护论文 109 篇，隐私权与被遗忘权 32 篇，数据采集、交易与应用 18 篇，数据权属、数据确权、数据法律性质 20 篇，司法裁判大数据、大数据侦查 23 篇，人工智能大数据 12 篇，大数据立法、我国数据体系建设 8 篇，数据垄断、数据竞争 9 篇，大数据跨境流动 2 篇，其他涉及大数据征信、数字遗产、大数据下的知识产权问题、大数据下算法等技术法律问题的文论 37 篇(见图 1－7)。

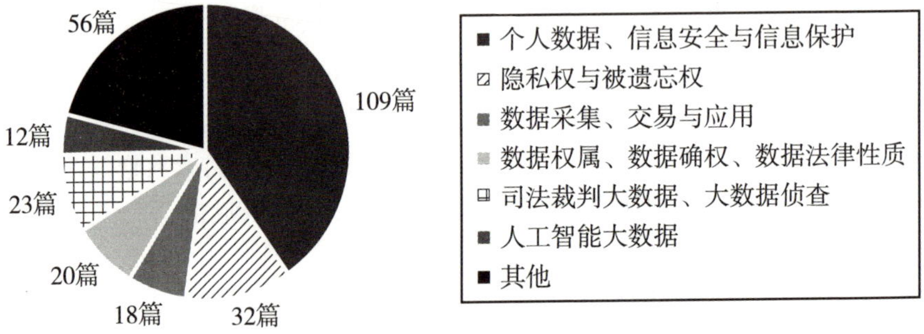

图 1－7　2018 年大数据法治论文研究方向

著作方面，2013～2017 年的 10 部专著中，以个人数据及信息保护为主要研究内容的有 6 部，隐私权保护研究的有 1 部，数据应用法律问题研究的有 2 部，知识产权相关研究的 1 部。2018 年出版的 17 部著作中，个人数据保护的著作 8 部，我国的大数据法治体系建设 3 部，大数据应用及风险防范 2 部，大数据在司法裁判中的应用 2 部，个人信息的法律界定 1 部，大数据知识产权问题 1 部(见图 1－8)。

课题方面，2013～2017 年立项的 42 项大数据法治课题中，有 19 项涉及大数据环境下的个人信息及隐私保护问题，6 项研究刑法领域的大数据法治问题，4 项关注数据交易产生的法律问题，其余 13 项分别关注消费者安全、网上银行安全保障义务、数据权属、数据跨境流动、数据开放与数据保护、知识产权保护等法律问题。从 2018 年公布的 25 项课题来看，数据权利、权属 5 项，个人信息保护 4 项，数据驱动垄断与限制竞争 3 项，人工智能中的大数据 3 项，大数据证据与侦查 2 项，数据交易 2 项，大数据在气候治理、DNA 等具体领域的应用 2 项，数据知识产权 1 项，大数据立法 1 项，大数据下的司法改革 1 项，

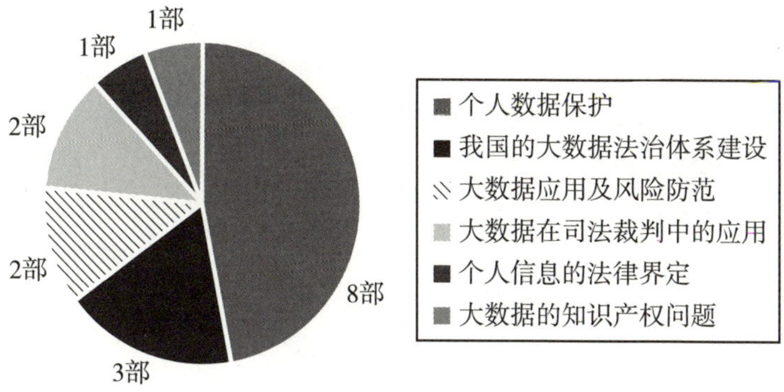

图 1-8　2018 年大数据法治著作研究方向

数据安全 1 项(见图 1-9)。可见,在课题方面,相较于之前年份,研究领域有所扩展,研究内容也更加丰富多样。

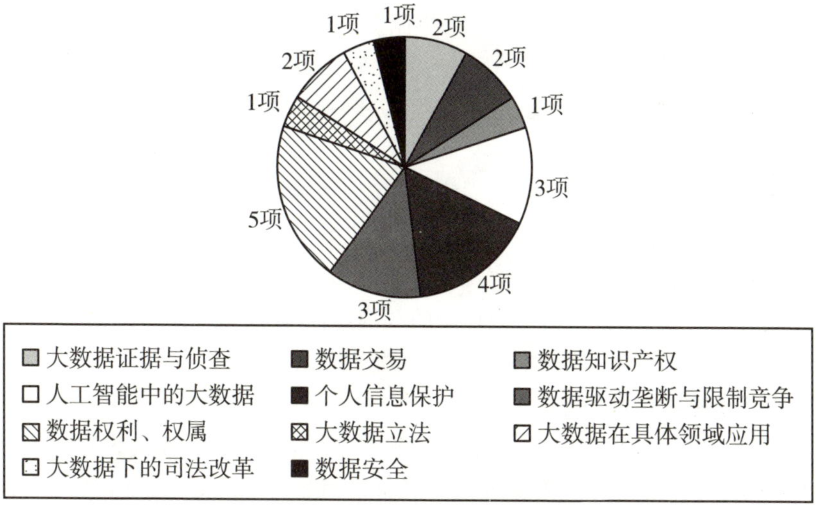

图 1-9　2018 年大数据法治课题研究方向

2.2018 年研究热点

大数据技术现已广泛应用于社会生活的诸多方面,与之相应,大数据法治理论研究所涉及的领域也十分广泛。2018 年与之前年份相比,在延续之前研究重点的同时又开拓了许多新的研究方向,此处分别对其主要研究热点进行介绍。

(1)我国大数据法治体系建设

从宏观上构建一个系统的大数据法治体系,是进行大数据法治研究的重要任务,通过明确我国大数据法治体系的不同层次,为我国大数据法治研究指明方向,为大数据研究注入法治理念,加速我国大数据时代的发展。

从2018年开始,有越来越多的学者站在宏观层面,以更高的视角审视我国的大数据法治。虽然近年来我国对于大数据法治的理论研究越来越深入,但是大多数学者仍然是只关注具体领域的大数据法律问题,而对于该如何构建适合我国国情的大数据法治体系,却少有学者研究。面对这种现状,一些学者提出了对于大数据立法的构想,通过明确立法目的、立法原则、调整对象、大数据收集与交易、数据监管、法律责任等问题,逐步构建适应我国经济社会发展的大数据法治体系,规范大数据应用行为,维护社会公共利益。

(2)个人信息安全与法律保护

个人信息安全与法律保护一直都是大数据法治研究中的热点,2018年对于此方面的研究仍然占据了大数据法治理论研究的最大比重。学者们从我国个人信息立法、个人信息的物权法保护、侵权法保护、个人信息的刑法保护、个人信息保护与数据公开的冲突解决机制等方面展开了对个人信息安全的研究,试图为个人信息寻求法律保护路径,也有更多的学者开始关注具体领域内特定群体的隐私权保护问题,对未成年人、医疗患者、公众人物等的个人信息保护进行了研究。

一方面,学者提出个人信息立法要适应大数据时代的现实,在个人信息使用目的限制、数据留存期限等方面,尽量为大数据开发利用开辟可能的路径,通过规范信息控制者的行为,实现数据治理;另一方面,学者们从侵权法责任、刑事责任等方面,明确了对个人信息的救济途径,以实现对于个人信息安全的全方位保护。

(3)被遗忘权的本土化引入

被遗忘权是法律为应对现代资讯科技产生威胁的一种权利设置,是对传统信息删除权的扩张,大数据时代被遗忘权问题更加凸显。2018年,开始有越来越多的学者关注被遗忘权的中国本土化研究,部分学者试图通过借鉴欧盟与美国的被遗忘权保护,构建起中国本土化的被遗忘权制度,从而开发出对个人信息保护的新路径。

在被遗忘权制度构造方面,学者们认为,被遗忘权是以个人信息主体为权利主体、以信息控制者为义务主体、以特定的个人网络信息为权利客体,我国可以现有的《侵权责任法》等法律规范为基础,依托未来制定的民法典,充分实现被遗忘权的中国本土化保护。在被遗忘权构建的价值取向上,学者通过将欧盟和美国进行对比，总结出司法实践中对于被遗忘权的两种不同态度：一种态度是个体为了保护自己的言论自由，以保护隐私权为名，用“被遗忘权”删除个人的言论；另一种态度是言论进入公共领域后，就与私人领域脱离了关系，因此被遗忘权有损言论自由。在对被遗忘权的性质认定上，有学者认为，立足于中国现实及已有的司法裁判，应将被遗忘权认定为个人信息权而非隐私权。

(4)数据采集与数据交易的监管

数据采集、数据资源采购、个人数据交易是进行任何数据应用的必经环节，随着我国大数据采集与交易的初步发展，各种大数据交易平台逐步诞生，我国数据交易市场取得了不错的反响，但基于我国大数据交易仍处于初步建设阶段，尚未建立健全科学、规范、安全的法律监管体系，大数据采集、交易仍存在一定的大数据技术风险。因此，实现大数据法律监管水平的提升是推动大数据交易健康、稳定、长远发展的重要举措。

2018 年有越来越多的学者立足于我国大数据交易的发展应用现状，从大数据交易平台的交易规则等视角展开分析，关注大数据交易平台下买卖双方的买卖合同法律关系，分析了大数据采集、交易中的风险，提出了应从创新完善交易模式、实现大数据交易能力评估、发挥科技监管作用等监管方向，构建我国大数据交易法律监管体系。

(三)未来研究趋势

大数据时代，随着大数据技术及其产业的蓬勃发展，大数据已经渗透到我们日常生活的方方面面，由此也引发了越来越多亟待解决的问题，大数据杀熟、大数据征信等关系消费者日常生活的大数据问题逐渐暴露，社会公众对于法律政策的规范和指引的需求也会逐渐加大。因此，未来一段时间的大数据法治理论研究，必然也会持续升温，而且研究的领域更广，研究的层面更深。与此同时，随着相关制度体系的建立需求，各部分的研究也将朝着更系统化的方向发展。基于当前的研究现状，通过对于研究数据的分析，我们认为，未来我国除了在个人信息保护、隐私权与被遗忘权研究、大数据交易等传统领域的持续研究外，大数据法治研究还会朝着以下几个方向发展。

1. 大数据垄断与限制竞争

随着大数据在经济市场的广泛应用，大数据垄断与限制竞争问题逐步显现，尤其是基于互联网产业自然垄断的属性，互联网企业的大数据垄断问题爆发得尤为明显,这种现象不仅会限制技术创新,更会对消费者合法权益造成严重侵害,而我国到目前为止,尚未出台与之相对应的法律规制办法。对于大数据垄断现象的规制缺乏合理有效的法律依据。

因此,为了保护互联网企业利益不受损,调节市场竞争环境,促进竞争,实现社会福利的提高,打破大数据垄断,未来一段时间里,对于大数据驱动下的垄断与竞争法律问题的研究会有所增加。

2. 人工智能大数据

随着人工智能技术的不断发展,基于大数据而产生了许多新型产业,智能家电、无人码头、无人驾驶汽车等进入了人们的生活,未来大数据技术将进一步引领科技的进步和社会发展,大数据时代的社会发展与科技的创新速度,也要远远超过以往的工业革命时代。由此引发的无人驾驶汽车、智能家电中的法律问题也不断增多,基于现实需要,该领域中涉及的数据相关问题,必将成为研究的热点。

3. 数据权属

权利作为法学理论最成熟和最本质的范畴,对于大数据权属的研究也是制定数据资源确权、开放、流通、交易相关制度,完善数据产权保护制度的起点和基石。大数据权属的研究不仅是关于数据本质的探讨,更是影响大数据具体应用的关键问题。大数据技术的基础在于对数据的获取、存储、分析、处理和应用,若数据的法律性质和权利属性不明确,则将直接影响到这些数据行为的进行,阻碍大数据技术应用的进一步深化和普及。因此,作为大数据法治领域的最基础问题,也是最重要的问题,数据权属在未来一段时间,仍旧是大数据法治研究领域的热点。

4. 具体领域的大数据法治应用

随着各行各业对于大数据技术的引入与应用,大数据问题越来越具有行业特征,在不同领域呈现出不同的特点,其所引发的问题也越来越具有专业性特征。医疗、媒体、征信、电子商务、体育、司法侦察等具体领域对于大数据的广泛应用,使大数据问题需要更加具有针对性的法律研究方案。因此,预计在未来一段时间,各行各业内的专业性大数据法治研究将成为大数据法治研究中的一个重点。

二、大数据立法评述

（一）法律评述

1. 立法评述

步入信息时代，数据成为数字经济经济发展的动力与源泉，是国家未来核心竞争力的重要保证。为推动大数据的发展和应用，需要建立一整套完整的法律规范来调整以数据为客体的数据法律关系。

当前，我国关于信息数据安全的法律条文散落在《宪法》《刑法》《民法总则》《侵权责任法》《网络安全法》《全国人大常委会关于加强网络信息保护的决定》等法律中，这些法律法规构成了目前我国的网络信息数据安全保护的法律框架。

我国《宪法》是我国的根本大法，在国家的整个法律体系中居于主导地位，具有最高的法律权威和法律效力，既是国家治国安邦的总章程，也是公民立身行事的总依据。我国《宪法》的规定是个人信息数据权利的保护基础，宪法通过规定“人格尊严”“国家尊重和保护人权”“人身自由不受侵犯”“通信自由与通信秘密受法律保护”等基本权利条款，直接或间接地与信息数据保护权进行联系。宪法规定公民的基本权利，信息数据权体现着基本权利的核心内容。

数据产业在我国蓬勃发展，数据交易也在各地进行广泛实践。清晰的权利归属和权利内容是交易的前提与基础,数据的法律权属成为人们最为关注且首先需要解决的问题。我国《民法总则》作为未来中国民法典的总则编,囿于其地位及篇章体例,仅对数据的法律关系作原则性和指引性规定,未能对数据交易、保护的一系列具体制度进行体系化的规定。但我们也看到,《民法总则》对数据作出了原则性规定,这也指明了对数据的保护应以民事主体的利益为出发点和落脚点。

在数据的保护方面,我国《侵权责任法》明确了对个人信息的保护,数据主体得以依据《侵权责任法》向侵权者提起侵权之诉,防止他人通过网络途径侵犯隐私权。我国《网络安全法》则站在社会公共利益的角度,以网络安全为宗旨,要求网络运营者采取相应的管理措施和技术防范等措施履行相应的网络安全保护义务。同时,为了保障关键信息基础设施安全,维护国家安全、经济安全和保障民生,《网络安全法》对关键信息基础设施的运行安全作了规定,实行重点保护。

然而,这样的法律框架对于将大数据提升为国家战略的当今中国来说仍然远远不够。目前,我国的法律对数据并无系统的规定。而数据的法律关系,以数据为客体,并以该客体出发形成了法律对其产生、变更、消灭的调整问题。有关数据的法律问题,不仅关系到数据开发者、数据交易者的利益,更关系到数据主体自身的利益,这些都会影响数据产业的生存和发展。法律对数据的保护,需要通过制定一系列的制度来实现,包括构成数据主体和客体制度、权利的内容、权利的限制、享有权利的期限、法律责任等。

我国数据安全保护制度尚需完善,大数据应用法律制度也有待健全。目前,我国对数据还并没有相应的监管体系,此外,在法律责任制度方面,如何形成民事责任和行政责任、刑事责任的相互衔接,层层递进的责任制度也是现今需要解决的问题。我国要想实现数据强国就要将大数据应用纳入法治轨道,在大数据治理中彰显法治精神,适度监管,规范各类数据的使用、交易等环节,明确法律责任,增进效益,保障国家安全、人民安全。

在数据的法律分散于各个部门法的背景下,制定一部专门针对数据的法律已经势在必行。在制定独立的数据保护法律过程中,应当要清晰界定数据的权属,确保在数据的采集、分析、传播、存储、交易、使用、共享与监管关系中建立有序健康的市场秩序,将安全原则、数据主权原则、公平原则、平等原则、公正原则、科学原则作为数据立法过程和最终所制定的法律法规贯彻的指导思想、立法目标及体现的基本精神。

2.2018年新法评述

(1)《电子商务法》

第五条　电子商务经营者从事经营活动,应当遵循自愿、平等、公平、诚信的原则,遵守法律和商业道德,公平参与市场竞争,履行消费者权益保护、环境保护、知识产权保护、网络安全与个人信息保护等方面的义务,承担产品和服务质量责任,接受政府和社会的监督。

……

第二十三条　电子商务经营者收集、使用其用户的个人信息,应当遵守法律、行政法规有关个人信息保护的规定。

第二十四条　电子商务经营者应当明示用户信息查询、更正、删除以及用户注销的方式、程序,不得对用户信息查询、更正、删除以及用户注销设置不合理条件。

电子商务经营者收到用户信息查询或者更正、删除的申请的,应当在核实身份后及时提供查询或者更正、删除用户信息。用户注销的,电子商务经营者应当立即删除该用户的信息;依照法律、行政法规的规定或者双方约定保存的,依照其规定。

第二十五条　有关主管部门依照法律、行政法规的规定要求电子商务经营者提供有关电子商务数据信息的,电子商务经营者应当提供。有关主管部门应当采取必要措施保护电子商务经营者提供的数据信息的安全,并对其中的个人信息、隐私和商业秘密严格保密,不得泄露、出售或者非法向他人提供。

……

第三十条　电子商务平台经营者应当采取技术措施和其他必要措施保证其网络安全、稳定运行,防范网络违法犯罪活动,有效应对网络安全事件,保障电子商务交易安全。

电子商务平台经营者应当制定网络安全事件应急预案,发生网络安全事件时,应当立即启动应急预案,采取相应的补救措施,并向有关主管部门报告。

第三十一条　电子商务平台经营者应当记录、保存平台上发布的商品和服务信息、交易信息,并确保信息的完整性、保密性、可用性。商品和服务信息、交易信息保存时间自交易完成之日起不少于三年;法律、行政法规另有规定的,依照其规定。

第三十二条　电子商务平台经营者应当遵循公开、公平、公正的原则,制定平台服务协议和交易规则,明确进入和退出平台、商品和服务质量保障、消费者权益保护、个人信息保护等方面的权利和义务。

……

第六十九条　国家维护电子商务交易安全,保护电子商务用户信息,鼓励电子商务数据开发应用,保障电子商务数据依法有序自由流动。

国家采取措施推动建立公共数据共享机制,促进电子商务经营者依法利用公共数据。

……

第七十二条　国家进出口管理部门应当推进跨境电子商务海关申报、纳税、检验检疫等环节的综合服务和监管体系建设,优化监管流程,推动实现信息共享、监管互认、执法互助,提高跨境电子商务服务和监管效率。跨境电子商务经营者可以凭电子单证向国家进出口管理部门办理有关手续。

……

第七十九条　电子商务经营者违反法律、行政法规有关个人信息保护的规定,或者不履行本法第三十条和有关法律、行政法规规定的网络安全保障义务的,依照《中华人民共和国网络安全法》等法律、行政法规的规定处罚。

……

第八十七条　依法负有电子商务监督管理职责的部门的工作人员,玩忽职守、滥用职权、徇私舞弊,或者泄露、出售或者非法向他人提供在履行职责中所知悉的个人信息、隐私和商业秘密的,依法追究法律责任。

[评述]

《电子商务法》共7章,89条,第十三届全国人大常委会第五次会议于2018年8月31日表决通过,自2019年1月1日起施行。本法是为了保障电子商务各方主体的合法权益,规范电子商务行为,维护市场秩序,促进电子商务持续健康发展而制定的。

《电子商务法》是一部综合性立法,其不仅是电子商务经营者的商事法律规范,规定了电子商务的商事规则,同时也是电子商务中的消费者保护法,通过对电子商务经营者强制性义务的规定，来保护消费者的基本权利。

《电子商务法》将"保障电子商务各方主体的合法权益，促进电子商务持续健康发展"作为立法宗旨，其中第5条对电子商务经营者的义务做出了原则性规定，"电子商务经营者从事经营活动，应当遵循自愿、平等、公平、诚信的原则，遵守法律和商业道德，公平参与市场竞争，履行消费者权益保护、环境保护、知识产权保护、网络安全与个人信息保护等方面的义务，承担产品和服务质量责任，接受政府和社会的监督"。本条原则性规定了电子商务经营者的网络安全与个人信息保护的义务，表明在电子商务活动中电子商务经营者应当履行本法及其他相关部门法有关网络安全与个人信息保护的义务。

《电子商务法》第二章"电子商务经营者"第一节"一般规定"中通过第23条、第24条、第25条的规定，构建了电子商务领域中个人信息的保护制度。其中第23条规定："电子商务经营者收集、使用其用户的个人信息，应当遵守法律、行政法规规定的个人信息保护规则。"其中，相关法律法规包含《网络安全法》《电子商务法》《消费者保护法》等。《网络安全法》第四章"网络信息安全"一章，第40～50条详细规定了网络运营者对个人信息的保护义务：包括网络运营者应当公开收集个人信息、明确使用目的、征得消费者同意后使用、未经同意不得转让信息、采取必要措施保证信息安全、对个人信息进行严格保密、不得违法出售信息，不得利用个人信息实施诈骗等违法犯罪行为。同时，该部分也赋予了网民保护其个人信息的权利：如个人发现网络运营者违反法律、行政法规的规定或者双方的约定收集、使用其个人信息的，有权要求网络运营者删除其个人信息；发现网络运营者收集、存储的其个人信息有错误的，有权要求网络运营者予以更正。网络运营者应当采取措施予以删除或者更正。

互联网的发展使个人信息在网络中广泛传播，尤其是在电子商务中数据主体的隐私数据将保存在网络中，经过谷歌数据隐私一案，法院提出了"被遗忘权"的概念，用以表示互联网时代人们有权要求网络服务商删除遗留在互联网上的数据痕迹等个人信息的权利。《电子商务法》第24条新增了一项权利，即消费者有权对自己的用户信息进行查询、更正和删除以及注销用户，电商经营者应当在核实身份后配合消费者的申请且不得设置不合理条件，法律、行政法规规定或双方约定应当保存的除外。这条就是被遗忘权的体现。

第25条则强调了行政部门在行使职权过程中，对电子商务经营者提供的个人信息及隐私负有保密义务。在行政部门要求电子商务经营者提供信息时,基于政党的公共利益,电子商务经营者应当提供。电子商务经营者同时也要注重利益衡量,对其中的个人信息、隐私和商业秘密严格保密,而且不得泄露、出售或者非法向他人提供。

在保障平台内信息的方面,《电子商务法》也作了相应规定。由于电子商务平台是电子商务服务基础服务的提供者,其搭建电子商务,并从平台获益,有能力且有义务对平台的信息保护采取相应的措施。因而《电子商务法》第30条规定:电子商务平台经营者应当采取技术措施和其他必要措施保证其网络安全、稳定运行,防范网络违法犯罪活动,有效应对网络安全事件,保障电子商务交易安全。电子商务平台经营者应当制定网络安全事件应急预案,发生网络安全事件时,应当立即启动应急预案,采取相应的补救措施,并向有关主管部门报告。《电子商务法》将“事前预防”与“事后补救”有机结合,提出了电子商务平台经营者应当制定网络安全事件应急预案,发生网络安全事件时,要启动应急预案以实施补救措施。

电子商务相关的交易信息兼具隐私保护价值与经济价值,个人信息中大量涉及个人隐私。与电子商务相关的交易信息常常体现为个人联系方式、住址、交易记录等个人信息,这些都是涉及个人隐私的内容。第31条规定:电子商务平台经营者应当记录、保存平台上发布的商品和服务信息、交易信息,并确保信息的完整性、保密性、可用性。商品和服务信息、交易信息保存时间自交易完成之日起不少于3年;法律、行政法规另有规定的,依照其规定。这是对电子商务平台“交易安全管理义务”的规定。

电子商务平台是通过信息网络技术方式为供买卖双方撮合、达成交易并提供相关服务的信息平台。电子商务平台的经营者为了方便平台的运营和解决相关的争端往往提前制定平台服务协议和交易规则。根据《电子商务法》第32条的规定,电子商务平台经营者应当遵循公开、公平、公正的原则,制定平台服务协议和交易规则,明确进入和退出平台、商品和服务质量保障、消费者权益保护、个人信息保护等方面的权利和义务。

在法律中规定了行业促进的政策性内容是《电子商务法》的一大特色,对电子商务的促进不仅需要国家规划、电子商务基础设施、物流网络建设等相关配套计划的协助,数据也是第一生产力,数据的丰富性、多样性、价值性、流动性也决定了电子商务的繁荣发展。只有在数据流动的环境下,数据的价值才能得到最大的利用。因而,《电子商务法》第69条规定:国家维护电子商务交易安全,保护电子商务用户信息,鼓励电子商务数据开发应用,保障电子商务数据依法有序自由流动。国家采取措施推动建立公共数据共享机制，促进电子商务经营者依法利用公共数据。根据该法第72条的规定，国家进出口管理部门在监管活动中，也需要推动实现信息共享、监管互认、执法互助，提高跨境电子商务服务和监管效率。

根据第79条的规定，如果电子商务经营者违反法律、行政法规有关个人信息保护的规定，或者不履行本法第30条和有关法律、行政法规规定的网络安全保障义务的，依照《网络安全法》等法律、行政法规的规定处罚。本法也是与《网络安全法》的衔接。

根据该法第87条的规定，依法负有电子商务监督管理职责的部门的工作人员，玩忽职守、滥用职权、徇私舞弊，或者泄露、出售或者非法向他人提供在履行职责中所知悉的个人信息、隐私和商业秘密的，依法追究法律责任。如果情节较轻，没有达到刑法所规定的犯罪的程度，则由工作人员所在单位或者上级机关给予行政处分。如果情节严重，构成犯罪的，则须依照刑法的相关规定追究刑事责任，即《刑法》第253条之一的侵犯公民个人信息罪。

(2)《个人信息保护法(草案)》

[**评述**]

个人信息保护问题是信息社会的基本问题，它随着计算机大规模应用而出现，而且随着社会信息化进程的深入，个人信息成为整个网络空间中最为重要的数据类型，不仅关涉公民的私权利保护，还关系到公私领域对于个人信息的利用，如何妥当地安排个人信息保护与利用的利益衡量，会影响到我国信息化的进程和一系列产业发展。个人信息问题还会涉及公共安全、国家安全等问题。因此，个人信息保护问题是信息社会发展中所要应对的基础性问题，更是涉及安全的重要问题。

发展至今，全球共有115个国家制定了个人信息保护法，大体呈现出欧盟统一立法和美国分散立法两种模式。我国个人信息保护立法现状，明显呈现出分散立法的趋势，近40部法律、30余部法规、200多部规章涉及个人信息保护问题。

我国个人信息立法进程如下：2009年《侵权责任法》首次确立了隐私权的法律地位；同年的《刑法修正案(七)》新设立了出售、非法提供公民个人信息罪与非法获取公民个人信息罪两个罪名。2012年《全国人民代表大会常务委员会关于加强网络信息保护的决定》，首次从法律上界定了个人信息的内涵和范围，也是我国法律对个人信息保护实体内容较为系统的规定。2013年

《消费者权益保护法》进行了修订,其中明确将个人信息得到保护的权利列为消费者的一项基本权利。2016年《刑法修正案(九)》将《刑法修正案(七)》的两罪合并为侵犯公民个人信息罪,并增加了拒不履行信息网络安全管理义务罪;同年《网络安全法》通过,明确要求网络运营者建立健全用户信息保护制度,是迄今为止对个人信息保护规定最全面的法律。2017年《民法总则》通过,第111条规定自然人的个人信息受法律保护,这也第一次从基本法的角度建立了个人信息保护的规则。但个人信息的集、保管、利用是涉及多种主体的群体性社会行为,民法能提供权利侵害后的保护,但无法建立应对社会群体性行为的规则。

2017年3月全国人大代表邵志清在第十二届全国人民代表大会第五次会议上提出议案,建议加快制定个人信息保护法,同时将《个人信息保护法(草案)》作为附件提交,目前该草案仍在面向公众征求意见中。该草案由6章组成,涉及44个条款。

《个人信息保护法(草案)》第一章介绍了个人信息保护的立法目的、适用范围、基本定义和保护原则。其立法目的是规范个人信息的收集、处理和利用,保护自然人个人信息权以及其他合法权益,促进个人信息的合理利用,规范个人信息跨境传输。适用于完全或者部分通过自动方式进行的个人信息处理和可以进行检索的人工处理。个人信息包括以电子或者其他方式记录的能够单独或者与其他信息结合识别自然人个人身份的各种信息,包括但不限于自然人的姓名、出生日期、身份证件号码、个人生物识别信息、住址、电话号码等。保护的基本原则有合法原则、知情同意原则、目的明确原则、限制利用原则、完整正确原则、安全原则和可追溯、可异议、可纠错原则。

《个人信息保护法(草案)》第二章、第三章、第四章规定了个人信息保护中各个主体所享有的权利和承担的义务。个人信息的信息主体享有个人信息权、决定权、保密权、访问权、更正权、可携带权、封锁权、删除权、被遗忘权等权利。国家机关应履行以下义务:经信息主体同意或授权,在职权内收集个人信息、告知义务、在法定条件下对个人信息的处理和利用、对个人信息的传输监管、进行个人信息比对、政策披露、帮助信息主体的访问权行使、提供复制本和提供安全措施。非国家机关处理主体收集、处理和利用个人信息也应履行对国家机关规定的义务。非国家机关信息处理主体也拥有依据本法制定的自律性规范的权力。

《个人信息保护法(草案)》第五章则规定了个人信息保护的法律责任。

国家机关违反本法规定，给信息主体造成人身或财产上的损失的，应依照本法的规定承担损害赔偿等民事责任；本法无规定的，依照《国家赔偿法》的规定承担民事责任。非国家机关信息处理主体违反本法规定，给信息主体造成人身或财产上的损失的，应依照本法的规定承担损害赔偿等民事责任；本法无规定的，依照民法及其他法律法规的规定承担民事责任。信息主体对其非物质损失可以主张精神损害赔偿。在共同侵权的情况下，信息主体无法确认侵权人的，由有权收集、利用或处理个人信息的两个或两个以上的相关主体承担连带责任。违反本法规定，构成违反行政法律法规的行为，依法承担行政法律责任；构成犯罪的，依法追究刑事责任。

《个人信息保护法（草案）》的不完善之处在于立法稍显抽象，对于信息处理活动的具体情形和冲突规定得不够具体。随着网络信息技术和电子商务的发展，个人信息交易也越来越成为信息产业的重要内容，而在实际交易中很有可能出现信息主体难以确定的情形，无法界定侵权主体，又如何向侵权人请求承担法律责任呢？因此，法律需要规定在这种情况下由谁来代表广大的信息主体维权以维护社会公共利益。而个人信息的保护是社会治理中最为重要的问题，需要民法、行政法、经济法、刑法等部门法共同规范，才能达到良好的规范效果。

与数据、信息相关的法律汇总见表 2－1；与数据、信息相关的法律发布趋势见图 2－1。

表 2－1　与数据、信息相关的法律汇总①

序号	法律	发布（最新修订）日期	相关条款
1	《电子商务法》	2018 年 8 月 31 日	第 5 条、第 23 ~ 25 条、第 30 ~ 32 条、第 69 条、第 72 条、第 79 条、第 87 条

① 本部分数据及信息统计时间截至 2019 年 2 月 20 日，数据主要来源为“法律法规数据库”及“北大法宝”等数据库，检索方式为关键词检索，检索内容为名称中包含“信息”“数据”等关键词的文件。我们已尽力实现相关信息的真实性、完整性和全面性，但并不对其准确性做出任何明示或隐含的保证。

续表

序号	法律	发布(最新修订)日期	相关条款
2	《宪法》	2018年3月11日	第33条、第37条、第38条、第40条
3	《刑法》	2017年11月4日	第253条
4	《律师法》	2017年9月1日	第38条、第48条
5	《个人信息保护法(草案)》	2017年3月	—
6	《民法总则》	2017年3月15日	第110条、第111条、第127条
7	《网络安全法》	2016年11月7日	第17条、第21条、第25条、第27条、第37条、第38条、第40~47条
8	《国家安全法》	2015年7月1日	第51条、第52条、第53条、第54条
9	《电子签名法》	2015年4月24日	第15条、第27条、第34条
10	《消费者权益保护法》	2013年10月25日	第29条、第50条
11	《全国人大常委会关于加强网络信息保护的决定》	2012年12月28日	第2~5条、第7条、第10条
12	《居民身份证法》	2011年10月29日	第6条、第13条、第19条、第20条
13	《保守国家秘密法》	2010年4月29日	第23条、第24条、第25条、第26条
14	《侵权责任法》	2009年12月26日	第2条、第36条
15	《统计法》	2009年6月27日	第9条、第25条、第37条、第39条
16	《护照法》	2006年4月29日	第12条、第20条
17	《传染病防治法》	2004年8月28日	第12条、第68条、第69条
18	《执业医师法》	1998年6月26日	第22条、第37条
19	《商业银行法》	1995年9月10日	第6条、第29条

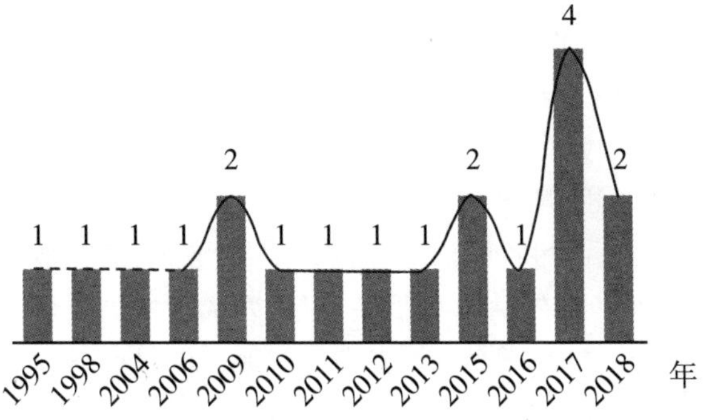

图 2-1 与数据、信息相关的法律发布趋势(单位:个)

(二)行政法规、部门规章

当前,我国关于信息数据安全的行政法规、部门规章,主要规定在《征信业管理条例》《个人信用信息基础数据库管理暂行办法》《电信和互联网用户个人信息保护规定》等行政法规及部门规章中。2018 年我国也发布了《银行业金融机构数据治理指引》《科学数据管理办法》《教育部机关及直属事业单位教育数据管理办法》《国家林业局关于促进中国林业云发展的指导意见》等部门规章,对我国银行业数据、科学数据、教育数据以及林业云发展进行了规范。除此之外,全国各地根据法律、国务院颁布的行政法规及各部门规章,结合本地区自身具体情况制定了与信息、数据相关的地方性法规及地方政府规章。这些法律法规构成了目前我国的网络信息数据安全保护的行政法规、部门规章框架。

在征信业方面,国家层面尚没有统一的有关社会征信体系方面的政策、法律、法规,这使构建整个社会信用体系的法律基础依然比较薄弱。而对与失信行为的惩罚力度也较弱,导致大量失信行为得不到相应惩罚,不能很好地规范征信业的数据收集、适用。

1.《银行业金融机构数据治理指引》

为引导银行业金融机构加强数据治理,提高数据质量,发挥数据价值,提升经营管理能力,中国银行保险监督管理委员会于 2018 年 5 月 21 日发布《银行业金融机构数据治理指引》(以下简称《指引》),全文共 7 章,55 条。

近年来,大数据产业发展迅猛,而科技又与金融结合,形成了金融科技。经济的发展依靠科技来推动,而金融的强力发展也助力科技产业的进步。银行业金融机构经过多年的发展,已经积累了众多的数据资源,如客户数据、交易数据、外部数据。这些数据不仅是银行的重要资产和核心竞争力,更是金融科技发展的重要基础。因而,为了银行业的进一步发展,提高银行业金融机构的核心竞争力,提高数据的使用效率,充分发挥数据价值,用数据驱动银行发展,提高银行经营质效,具有重要意义。

金融机构在发展的过程中,会应用到许多的数据,而在数据管理的时候,如何提高数据的使用效率,提升数据的质量,发挥数据的价值,这是银行业金融机构在经营管理的时候需要重点考虑的问题。而目前,银行业金融机构数据质量存在较多的问题,如数据准确性、完整性的不足,这也导致数据的时效性不足,数据不能得到有效运用,影响数据使用的充分性。数据不仅对银行业金融机构经营管理有帮助,同时也能提高监管部门的监管能力。因而,数据质量问题,一方面阻碍银行业金融机构的高质量发展,另一方面也阻碍了监管部门监管能力的提高。

国家正在实施大数据战略,加快建设数字中国。党中央、国务院高度重视数据的基础性战略意义,要求深化数据在各行业的应用。综合国内外经验与全球各国开展的数据治理实践,中国银行保险监督管理委员会经过充分调研讨论,形成了研究和实践成果,形成了《指引》。开展数据治理,充分发挥数据价值,既是积极主动对接国家政策的需要,也是银行业全面向高质量发展转变的需要,将有助于更好地发挥银行业在经济中的作用。

(1)适用的对象及重要原则

《指引》在第一章总则部分确定了适用主体、数据治理的定义、架构、基本原则以及监管部门。根据第3条规定,数据治理是指银行业金融机构通过建立组织架构,明确董事会、监事会、高级管理层及内设部门等职责要求,制定和实施系统化的制度、流程和方法,确保数据统一管理、高效运行,并在经营管理中充分发挥价值的动态过程。数据治理应纳入银行业金融机构的公司治理范畴,建立自上而下、协调一致的数据治理体系。《指引》适用于我国境内经银行业监督管理机构批准设立的银行业金融机构,具体包括商业银行、农村信用合作社等吸收公众存款的金融机构、政策性银行以及国家开发银行。又依据第53条规定,外国银行分行及银行业监督管理机构负责监管的其他金融机构,参照《指引》执行。上述主体在进行数据治理时应遵循:(1)全覆盖原则,做到时间与空间上的“全覆盖”,即数据治理应覆盖全机构的全部数据生命周期,数据来源和内容不分内外;(2)匹配性原则,要求主体确保治理模式与机构自身管理模式、业务规模等具有“匹配性”；(3)持续性原则，要求数据治理持续开展，建立长效机制；(4)持续性原则，旨在保证数据治理的长效和有效，推动数据真实、准确、客观反映机构实际情况。对银行业金融机构数据治理情况实施监管的机构是银行业监督管理机构，即中国银行保险监督管理委员会。

(2)数据治理架构

《指引》第二章数据治理架构部分则是列明了数据治理架构，要求银行业金融机构建立组织架构健全、职责边界清晰的数据治理架构，明确董事会、监事会、高级管理层和相关部门的职责分工，建立多层次、相互衔接的运行机制(第 8 条)。董事会：制定数据战略，审批或授权审批与数据治理相关的重大事项，督促高级管理层提升数据治理有效性，对数据治理承担最终责任(第 9 条)；监事会：对董事会和高级管理层在数据治理方面的履职尽责情况进行监督评价(第 10 条)；高级管理层：建立数据治理体系，确保数据治理资源配置，制定和实施问责和激励机制，建立数据质量控制机制，组织评估数据治理的有效性和执行情况，并定期向董事会报告(第 11 条)。银行业金融机构也首次允许设立首席数据官。

(3)数据管理和数据质量控制

《指引》明确了数据管理和数据质量控制的要求。银行业金融机构应当结合自身发展战略、监管要求等，制定数据战略并确保有效执行和修订(第 17 条)。《指引》对数据管理制度进行了列举，全面科学有效的数据管理制度，包括但不限于组织管理、部门职责、协调机制、安全管控、系统保障、监督检查和数据质量控制等方面。银行业金融机构应当根据监管要求和实际需要，持续评价更新数据管理制度(第 18 条)。

《指引》规定银行业金融机构应当确立数据质量管理目标，建立控制机制，确保数据的真实性、准确性、连续性、完整性和及时性(第 29 条)。银行业金融机构在具体质量控制中应做到及时更新数据、加强数据源头管理、建立数据质量监控体系、建立数据质量现场检查制度、建立数据质量考核评价体系、建立数据质量整改机制、按照监管要求报送法人和集团的相关数据以及建立监管数据质量管控制度。这些质量控制制度的建立能确保数据治理的有效执行。

(4)数据价值实现

《指引》创新地提出了银行业金融机构应当在风险管理、业务经营与内部控制中加强数据应用，实现数据驱动，提高管理精细化程度，发挥数据价值(第 38 条)。第五章“数据价值实现”可谓是数据治理的核心章节，要发挥数据的价值,就需要以数据应用、体现数据价值来驱动业务部门开展工作,实现具体业务的革命性变革。

《指引》从银行业金融机构的核心业务和管理视角出发,提出了银行业金融机构应当充分运用数据分析、加强数据应用数据监管、提高数据加总能力、加强数据分析应用能力、加强数据积累、充分评估兼并收购、资产剥离等业务对自身数据治理能力的影响、加强数据分析挖掘、运用量化分析业务流程、充分运用大数据技术、按照可量化导向,完善内部控制评价制度和内部控制评价质量控制机制。

(5)数据监督管理

银行业金融机构的监督管理部门是中国银行保险监督管理委员会,其对银行业金融机构数据治理情况进行持续监管的方式是非现场监管和现场检查(第50条)。必要时,可以对金融机构进行内部或外部审计以调查数据治理情况(第51条)。对数据治理不符合审慎经营规则要求的金融机构,监管机构可采取要求其提供整改方案,限期改正或将监管结果与公司治理评价、监管评级挂钩、行政处罚等措施(第52条)。

《指引》的实施将有助于银行业金融机构提升服务能力,挖掘新动能,将金融与科技进一步结合,提高经营管理质效,全面推动银行业向高质量发展转变。

2.《科学数据管理办法》

为进一步加强和规范科学数据管理,保障科学数据安全,提高开放共享水平,更好支撑国家科技创新、经济社会发展和国家安全,根据《科学技术进步法》《促进科技成果转化法》《政务信息资源共享管理暂行办法》等规定,国务院办公厅制定《科学数据管理办法》(以下简称《办法》)。《办法》于2018年1月23日中央全面深化改革领导小组第二次会议审议通过,共6章,33条。

科学数据是国家科技创新发展和经济社会发展的重要基础性战略资源。《办法》所规范的科学数据主要包括在自然科学、工程技术科学等领域,通过基础研究、应用研究、试验开发等产生的数据,以及通过观测监测、考察调查、检验检测等方式取得并用于科学研究活动的原始数据及其衍生数据。科学数据等信息资源的管理在我国缺乏相关的制度保护。在科技创新越来越离不开科学技术的今天,《办法》的出台具有重大意义。

《办法》规定了我国科学数据管理的总体原则、主要职责、数据采集汇交与保存、共享利用、保密与安全、附则6章内容。

首先,规定科学数据管理工作实行国家统筹、各部门与各地区分工负责的体制,由国务院科学技术行政部门牵头负责全国科学数据的宏观管理与综合协调。主管部门和法人单位依法确定科学数据的密级及开放条件,加强科学数据共享和利用的监管。

其次,法人单位及科学数据生产者要按照相关标准规范组织开展科学数据采集的生产和加工整理,形成便于使用的数据库或数据集。法人单位应建立科学数据质量控制体系,保证数据的准确性和可用性。主管部门和法人单位应建立健全国内外学术论文数据汇交的管理制度。法人单位应建立科学数据保存制度,配备数据存储、管理、服务和安全等必要设施,保障科学数据的完整性和安全性。

再次,科学数据中心应进行规范管理和长期保存,加强数据积累和开放共享。政府预算资金资助形成的科学数据应当按照开放为常态、不开放为例外的原则,由主管部门组织编制科学数据资源目录,有关目录和数据应及时接入国家数据共享交换平台,面向社会和相关部门开放共享,畅通科学数据军民共享渠道。

最后,《办法》明确规定,对涉及国家秘密、国家安全、社会公共利益、商业秘密和个人隐私的科学数据,不得对外开放共享;确需对外开放的,要对利用目的、用户资质、保密条件等进行审查,并严格控制知悉范围。

与数据、信息相关的行政法规、部门规章见表2-2;与数据、信息相关的行政法规、部门规章发布趋势见图2-2。

表2-2 与数据、信息相关的行政法规、部门规章汇总①

序号	行政法规/部门规章	发布日期	发布部门
1	《网络安全等级保护条例(征求意见稿)》	2018年6月27日	公安部
2	《银行业金融机构数据治理指引》	2018年5月21日	中国银行保险监督管理委员会
3	《科学数据管理办法》	2018年3月17日	国务院办公厅

① 本部分数据及信息统计时间截至2019年2月20日,数据主要来源为"法律法规数据库"及"北大法宝"等数据库,检索方式为关键词检索,检索内容为名称中包含"信息""数据"等关键词的文件。我们已尽力实现相关信息的真实性、完整性和全面性,但并不对其准确性做出任何明示或隐含的保证。

续表

序号	行政法规/部门规章	发布日期	发布部门
4	《教育部机关及直属事业单位教育数据管理办法》	2018年1月22日	教育部办公厅
5	《关于促进中国林业云发展的指导意见》	2017年10月25日	国家林业局
6	《个人信息和重要数据出境安全评估办法(征求意见稿)》	2017年4月11日	国家互联网信息办公室
7	《政务信息资源共享管理暂行办法》	2016年9月19日	国务院
8	《中华人民共和国电信条例》	2016年2月6日	国务院
9	《电信和互联网用户个人信息保护规定》	2013年7月16日	工业和信息化部
10	《征信业管理条例》	2013年1月21日	国务院
11	《计算机信息系统安全保护条例》	2011年1月8日	国务院
12	《信息安全等级保护管理办法》	2007年6月22日	公安部、国家保密局、国家密码管理局、原国务院信息化工作办公室
13	《互联网电子邮件服务管理办法》	2005年11月7日	原信息产业部
14	《个人信用信息基础数据库管理暂行办法》	2005年8月18日	中国人民银行
15	《互联网信息服务管理办法》	2000年9月25日	国务院
16	《计算机病毒防治管理办法》	2000年4月26日	公安部
17	《计算机信息系统国际联网保密管理规定》	1999年12月27日	国家保密局
18	《商用密码管理条例》	1999年10月7日	国务院
19	《金融机构计算机信息系统安全保护工作暂行规定》	1998年8月31日	公安部、中国人民银行

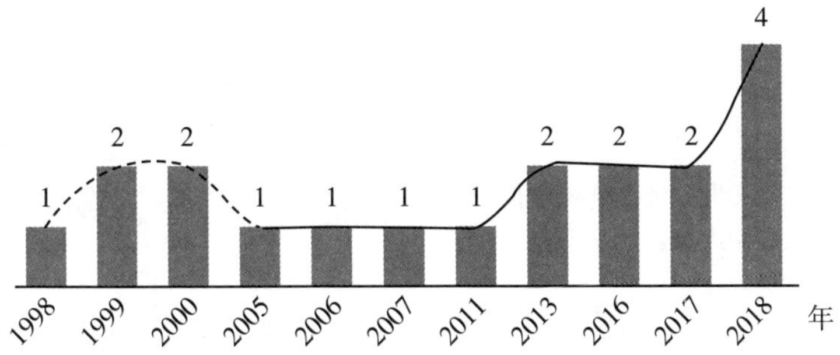

图 2 - 2　与数据、信息相关的行政法规、部门规章发布趋势(单位:个)

(三)地方性法规和地方政府规章

目前,全国各地区颁布的与信息、数据相关的地方性法规及地方政府规章汇总见表 2 - 3 和图 2 - 3。各省市根据法律、国务院颁布的行政法规及各部门规章,结合本地区自身具体情况制定了政府数据资源共享条例、信息化促进条例、公共信用信息条例、公共数据管理办法、信用征信管理办法等地方性法规和地方政府规章。这些法规及规章一定程度上促进了政府部门的数据资源对接与共享机制,规范了个人信用数据采集、使用、处理行为,保证了信用信息的准确、安全以及正当使用,保护了公民的合法权益。但是,各地区规章制度不完全统一,使各地数据、信息共享和使用的规则也存在区域上的局限性,并不能形成统一的全国性的规则。

1. 地方性法规

表 2 - 3　与信息、数据相关的地方性法规汇总①

序号	地区	地方性法规	发布部门	发布日期
1	江苏省	《江苏省测绘地理信息条例》	江苏省人大常委会	2018 年 1 月 24 日
		《泰州市公共信用信息条例》	泰州市人大常委会	2016 年 10 月 1 日
		《无锡市公共信用信息条例》	无锡市人大常委会	2015 年 12 月 4 日
		《江苏省信息化条例》	江苏省人大常委会	2011 年 9 月 23 日

① 本部分数据及信息统计时间截至 2019 年 2 月 20 日,数据主要来源为"法律法规数据库"及"北大法宝"等数据库,检索方式为关键词检索,检索内容为名称中包含"信息""数据"等关键词的文件。我们已尽力实现相关信息的真实性、完整性和全面性,但并不对其准确性做出任何明示或隐含的保证。

续表

序号	地区	地方性法规	发布部门	发布日期
2	贵州省	《贵州省信息化条例》	贵州省人大常委会	2017年11月30日
		《贵阳市政府数据共享开放条例》	贵阳市人大常委会	2017年4月11日
		《贵州省大数据发展应用促进条例》	贵州省人大常委会	2016年1月15日
		《贵州信息基础条例》	贵州省人大常委会	2014年3月19日
3	浙江省	《浙江省公共信用信息管理条例》	浙江省人大常委会	2017年9月30日
		《浙江省信息化促进条例》	浙江省人大常委会	2010年7月30日
		《宁波市信息化条例》	宁波市人大常委会	2007年4月17日
4	河北省	《河北省社会信用信息条例》	河北省人大常委会	2017年9月28日
		《河北省信息化条例》	河北省人大常委会	2012年9月26日
		《河北省经济信息市场管理条例》	河北省人大常委会	1997年6月29日
5	广东省	《广州市信息化促进条例》(2015修正)	广州市人大常委会	2015年12月23日
		《广东省企业信用信息公开条例》	广东省人大常委会	2007年7月27日
		《深圳经济特区信息化建设条例》(2004修正)	深圳市人大常委会	2004年6月25日
6	山西省	《山西省信息化促进条例》	山西省人大常委会	2013年8月1日
		《山西省计算机信息系统安全保护条例》	山西省人大常委会	2008年9月25日
		《大同市政务信息公开条例》	大同市人大常委会	2004年6月5日
7	山东省	《山东省信息化促进条例》(2018修正)	山东省人大常委会	2018年9月21日
		《淄博市信息化条例》	淄博市人大常委会	2008年9月27日

续表

序号	地区	地方性法规	发布部门	发布日期
8	湖北省	《湖北省信息化条例》	湖北省人大常委会	2017 年 11 月 29 日
		《湖北省社会信用信息管理条例》	湖北省人大常委会	2017 年 3 月 30 日
9	宁夏回族自治区	《银川市智慧城市建设促进条例》	银川市人大常委会	2016 年 9 月 2 日
		《宁夏回族自治区计算机信息系统安全保护条例》	宁夏回族自治区人大常委会	2009 年 7 月 31 日
10	辽宁省	《辽宁省信息技术标准化监督管理条例》(2015 修正)	辽宁省人大常委会	2015 年 9 月 25 日
		《辽宁省计算机信息系统安全管理条例》(2013)	辽宁省人大常委会	2013 年 9 月 27 日
11	安徽省	《安徽省信息化促进条例》	安徽省人大常委会	2016 年 10 月 8 日
12	云南省	《云南省信息化促进条例》(2015 修正)	云南省人大常委会	2015 年 9 月 25 日
13	海南省	《海南省信息化条例》	海南省人大常委会	2013 年 9 月 25 日
14	湖南省	《湖南省信息化条例》	湖南省人大常委会	2012 年 5 月 31 日
15	陕西省	《陕西省公共信用信息条例》	陕西省人大常委会	2011 年 11 月 24 日
16	吉林省	《吉林省信息化促进条例》	吉林省人大常委会	2011 年 3 月 30 日
17	新疆维吾尔自治区	《新疆维吾尔自治区信息化促进条例》	新疆维吾尔自治区人大常委会	2009 年 9 月 25 日
18	河南省	《河南省信息化条例》	河南省人大常委会	2008 年 6 月 6 日
19	北京市	《北京市信息化促进条例》	北京市人大常委会	2007 年 9 月 14 日
20	天津市	《天津市信息化促进条例》	天津市人大常委会	2007 年 9 月 12 日
21	重庆市	《重庆市计算机信息系统安全保护条例》	重庆市人大常委会	2006 年 9 月 29 日

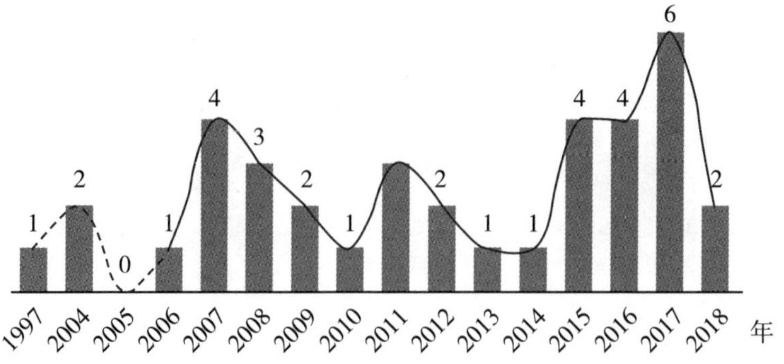

图 2－3　与数据、信息相关的地方性法规发布趋势(单位:个)

2. 地方政府规章

表 2－4　与信息、大数据相关的地方政府规章汇总①

序号	地区	地方政府规章	发布部门	发布日期
1	安徽省	《合肥市大数据企业认定管理办法》	合肥市政府	2018 年 8 月 29 日
		《合肥市政务数据资源共享开放管理暂行办法》	合肥市政府	2018 年 1 月 18 日
		《合肥市信息化项目管理办法》	合肥市政府	2018 年 1 月 16 日
		《安徽省计算机信息系统安全保护办法》	安徽省政府	2017 年 12 月 1 日
		《安徽省政务信息资源共享管理暂行办法》	安徽省政府	2017 年 2 月 21 日
		《安徽省公共安全视频图像信息系统管理办法》	安徽省政府	2016 年 11 月 2 日
		《安徽省企业信用信息征集和使用管理暂行办法》	安徽省政府	2005 年 12 月 6 日
		《淮南市计算机信息系统安全管理办法》	淮南市政府	2001 年 12 月 25 日

① 本部分数据及信息统计时间截至 2019 年 2 月 20 日,数据主要来源为“法律法规数据库”及“北大法宝”等数据库,检索方式为关键词检索,检索内容为名称中包含“信息”“数据”等关键词的文件。我们已尽力实现相关信息的真实性、完整性和全面性,但并不对其准确性做出任何明示或隐含的保证。

续表

序号	地区	地方政府规章	发布部门	发布日期
2	福建省	《福建省食品安全信息追溯管理办法》	福建省政府	2017 年 12 月 29 日
		《福州市公共信用信息管理暂行办法》	福州市政府	2017 年 11 月 17 日
		《福州市政务数据资源管理暂行办法》	福州市政府	2017 年 7 月 27 日
		《福州市健康医疗大数据资源管理暂行办法》	福州市政府	2017 年 4 月 21 日
		《厦门市流动人口信息采集暂行办法》	厦门市政府	2017 年 1 月 17 日
		《福建省政务数据管理办法》	福建省政府	2016 年 10 月 15 日
		《福州市政务信息资源交换共享管理暂行办法》	福州市政府办公厅	2015 年 9 月 27 日
		《福建省公共信用信息管理暂行办法》	福建省政府	2015 年 6 月 24 日
3	广东省	《广东省公共安全视频图像信息系统管理办法》	广东省政府	2018 年 1 月 23 日
		《深圳市公共信用信息管理办法》	深圳市政府	2017 年 8 月 10 日
		《广东省电子政务信息安全管理暂行办法》	广东省政府	2015 年 4 月 3 日
		《广东省计算机信息系统安全保护管理规定》	广东省政府	2003 年 4 月 8 日
		《珠海市信息化建设规定》	珠海市政府	2003 年 4 月 8 日
		《深圳市个人信用征信及信用评级管理办法》	深圳市政府	2001 年 12 月 18 日

续表

序号	地区	地方政府规章	发布部门	发布日期
4	上海市	《上海市公共数据和一网通办管理办法》	上海市政府	2018年9月30日
		《上海市公共信用信息归集和使用管理办法》	上海市政府	2018年1月4日
		《上海市政务数据资源共享管理办法》	上海市政府	2016年2月29日
		《上海市食品安全信息追溯管理办法》	上海市政府	2015年7月27日
		《上海市个人信用征信管理试行办法》	上海市政府	2003年12月28日
5	江苏省	《泰州市地理信息资源共享管理办法》	泰州市政府	2017年1月16日
		《江苏省测绘地理信息基础设施管理规定》	江苏省政府	2015年12月28日
		《无锡市个人信用信息征集管理办法》	无锡市政府	2012年12月3日
		《江苏省个人信用征信管理暂行办法》	江苏省政府	2007年9月13日
		《苏州市企业信用信息管理办法》	苏州市政府	2004年7月21日
6	贵州省	《贵阳市政府数据共享开放考核暂行办法》	贵阳市政府	2018年6月27日
		《贵阳市政府数据共享开放实施办法》	贵阳市政府	2018年1月12日
		《贵阳市政府数据资源管理办法》	贵阳市政府	2017年11月23日
		《贵阳市经济信息市场管理办法》	贵阳市政府	1996年8月22日

续表

序号	地区	地方政府规章	发布部门	发布日期
7	浙江省	《浙江省公共数据和电子政务管理办法》	浙江省政府	2017年3月16日
		《杭州市公共信用信息管理办法》	杭州市政府	2016年8月28日
		《浙江省地理空间数据交换和共享管理办法》	浙江省政府	2010年5月4日
		《浙江省企业信用信息征集和发布管理办法》	浙江省政府	2005年8月1日
8	四川省	《四川省地理信息交换共享管理办法》	四川省政府	2017年1月18日
		《四川省测绘地理信息市场管理办法》	四川省政府	2015年9月23日
		《成都市信息化建设管理暂行规定》	成都市政府	2003年7月7日
		《成都市计算机信息系统安全保护办法》	成都市政府	1996年12月25日
9	湖北省	《武汉市公共信用信息管理办法》	武汉市政府	2016年7月20日
		《武汉市政务数据资源共享管理暂行办法》	武汉市政府办公厅	2015年11月20日
		《湖北省个人信用信息采集与应用管理办法(试行)》	湖北省政府	2008年6月4日
		《湖北省行政机关归集和披露企业信用信息试行办法》	湖北省政府	2005年9月27日
10	重庆市	《重庆市政务信息资源共享开放管理办法》	重庆市政府	2018年5月5日
		《重庆市企业信用信息管理办法》	重庆市政府	2016年12月12日
		《重庆市公共安全视频图像信息系统管理办法》	重庆市政府	2016年6月17日

续表

序号	地区	地方政府规章	发布部门	发布日期
11	北京市	《北京市公共信用信息管理办法》	北京市政府	2018 年 3 月 8 日
		《北京市公共服务网络与信息系统安全管理规定》	北京市政府	2005 年 11 月 11 日
		《北京市党政机关计算机网络与信息安全管理办法》	北京市政府	2001 年 11 月 15 日
12	江西省	《江西省地理信息数据管理办法》	江西省政府	2017 年 12 月 26 日
		《江西省国防信息动员办法》	江西省政府	2017 年 12 月 4 日
		《南昌市公共安全视频图像信息系统管理办法》	南昌市政府	2016 年 8 月 19 日
13	湖南省	《湖南省地理空间数据管理办法》	湖南省政府	2017 年 4 月 1 日
		《湖南省信用信息管理办法》	湖南省政府	2005 年 11 月 24 日
		《长沙市信用征信管理办法》	长沙市政府	2005 年 6 月 10 日
14	海南省	《海南省征信和信用评估管理暂行规定》	海南省政府	2005 年 12 月 7 日
		《海南省政务信息化工程建设管理办法》	海南省政府	2005 年 6 月 15 日
		《海南省政务信息化管理办法》	海南省政府	2002 年 5 月 8 日
15	山东省	《山东省公共信用信息管理办法》	山东省政府	2018 年 3 月 9 日
		《青岛市测绘地理信息管理办法》	青岛市政府	2018 年 2 月 7 日
16	青海省	《青海省测绘地理信息市场管理办法》	青海省政府	2018 年 3 月 1 日
		《青海省地理空间数据交换和共享管理办法》	青海省政府	2015 年 10 月 14 日

续表

序号	地区	地方政府规章	发布部门	发布日期
17	云南省	《云南省公共安全视频图像信息系统管理规定》	云南省政府	2016年8月25日
		《云南省网络与信息系统安全监察管理规定》	云南省政府	2004年11月7日
18	辽宁省	《辽宁省公共信用信息管理办法》	辽宁省政府	2015年12月12日
		《大连市信息化工程管理办法》	大连市政府	2010年12月1日
19	天津市	《天津市市场主体信用信息管理办法》	天津市政府	2015年11月20日
		《天津市企业信用征信数据库管理暂行办法》	天津市政府	2013年7月16日
20	河北省	《河北省政务信息资源共享管理规定》	河北省政府	2015年11月1日
		《河北省信息系统审计规定》	河北省政府	2015年9月18日
21	甘肃省	《甘肃省消防安全信用信息管理规定》	甘肃省政府	2018年1月9日
22	西藏自治区	《西藏自治区电话用户真实身份信息登记管理办法》	西藏自治区政府	2017年12月5日
23	河南省	《郑州市政府信息资源共享管理办法》	郑州市政府	2015年3月28日
24	广西壮族自治区	《南宁市个人信用信息征集使用管理办法》	南宁市政府	2014年4月24日
25	内蒙古自治区	《内蒙古自治区信用信息管理办法》	内蒙古自治区政府	2006年7月12日

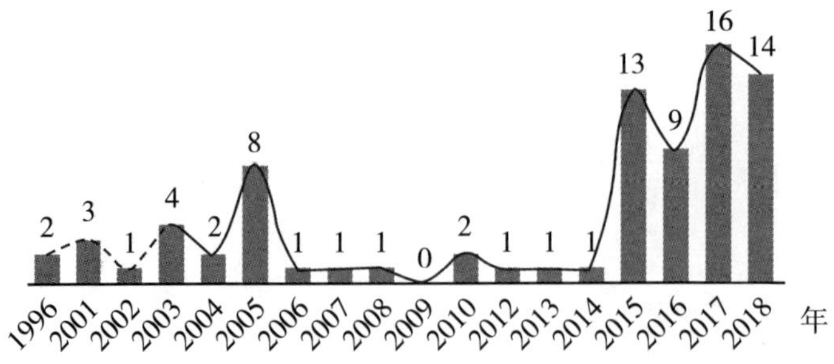

图 2-4　与数据、信息相关的地方政府规章发布趋势(单位:个)

(四)国际立法趋势及启示

表 2-5　境外数据保护规则汇总①

序号	国家	名称
1	德国	《联邦数据保护法》
2	韩国	《个人信息保护法》
3	日本	《个人信息保护法》
4	新加坡	《个人数据保护法》
5	新加坡	《网络安全法》
6	加拿大	《个人信息保护法》
7	法国	《数字共和国法案》
8	欧盟	《一般数据保护条例》
9	欧盟	《非个人数据自由流动条例》
10	英国	《数据保护法案》
11	意大利	《个人数据保护法》

① 本部分数据及信息统计时间截至2019年2月20日,数据的主要获取路径为网络搜索及公众号信息整理,检索方式为关键词检索与人工观察,检索内容为名称中包含“信息”“数据”“网络安全”等关键词的文件。我们已尽力实现相关信息的真实性、完整性和全面性,但并不对其准确性做出任何明示或隐含的保证。

续表

序号	国家	名称
12	爱尔兰	《数据保护法案》
13	奥地利	《数据保护修正法案》
14	奥地利	《隐私声明适当程序》
15	印度	《个人数据保护法案》
16	巴西	《一般数据保护法》
17	美国	《国土安全局数据框架法案》
18	美国	《上市公司网络安全披露指南》
19	美国	《澄清域外合法使用数据法》
20	美国	《加利福尼亚州消费者隐私法案》

1. 国际立法趋势

随着社会与科技的发展，传统的零散保护模式不再能满足公民对保护个人信息安全的要求，从而导致了 20 世纪 70 年代全球大规模个人信息保护立法运动的出现。各国立法者几乎在相同的时间颁布个人信息保护方面的立法。这一现象主要有社会需求与科技发展两个原因：从社会需求的角度看，国家为了更细致地提供公共服务，如教育系统、社会生活保障系统、基础设施投资，需要更细致地搜集公民的个人信息，从而更富效率地承担起作为管理者和福利提供者的任务；从科技发展的角度来看，自动化信息处理技术的发展，也提高了国家收集、储存、处理和利用信息的主动性，并提高了相关信息行为的效率。以上两项因素，导致国家加强了对公民个人信息的大量采集。与此同时，公民也敏感地意识到了国家掌握个人信息的潜在危险。因而，最初的个人信息保护立法几乎都是以规范国家行为作为立法宗旨的。

20 世纪后期，西方各国在制定宪法或修改宪法时，将个人信息保护或类似保护的内容直接写入宪法，而后又以统一或分散立法的形式制定个人信息保护法。综合各国的情况，个人信息保护立法模式主要有以下 4 种。

第一，统一立法，将公权力主体与私权利主体同时纳入调整范围，将两者的适用区别对待，主要以德国的《联邦数据保护法》为代表；第二，统一立法，将公权力主体与私权利主体一并纳入调整范围，对两者的适用不作区别，主要以英国《数据保护法案》为代表；第三，分散立法，公务机关和非公务机关在个人信息处理上遵循不同的规则，主要以美国为代表，如《金融服务现代化法案》《消费者隐私权法案》；第四，分散立法，重视行政领域个人信息保护与私权领域个人信息保护，主要以日本《个人信息保护法》为代表。

目前，美欧作为全球信息网络普及率最高，信息资源开发、利用最为发达的两大中心区域，在个人信息保护方面代表着当今世界较高的管理水平。美、欧是个人信息保护原则的两大源头，美国对个人信息的保护以隐私权的法理基础建构；而欧洲则以德国为代表，以个人信息自我决定权来构建个人信息的保护。美国从保证信息安全和自由流动的角度出发分别为政府和民间部门制定了一系列详细的政策、法规，属分散式立法。以英、德为代表的欧洲则是从保障个人信息权利的角度出发制定了政府和民间部门通用的一系列政策、法规，是统一式立法。

为了应对互联网个人数据新的挑战，并确保欧盟数据保护规则的前瞻性，欧盟在原有信息保护相关立法的基础上，于 2012 年 11 月通过欧盟《一般数据保护条例》(以下简称《条例》)，并于 2018 年 5 月 25 日正式生效实施。我们可以看到《条例》具有以下特点。

一是法律效力明显提升。《条例》将取代 1995 年发布的《欧盟数据保护指令》立即在整个欧盟范围内生效，无须各成员国立法，直接适用于欧盟各成员国，从而在欧盟以统一的标准推进个人数据保护。

二是打破传统立法管辖权。在《条例》中，数据保护的约束适用于向欧盟居民提供产品或者服务，甚至只是收集或监控数据的非欧盟企业和组织，即非欧盟的企业和组织向欧盟用户提供服务。无论非欧盟企业和组织提供的服务是否收费，均要严格遵守欧盟数据保护条例的相关要求。由于互联网上数据是不断流动变化的，法律的管辖范围也会因此而发生不断改变。

三是正确数据处理原则。《条例》规定数据处理应遵循合法、正当、透明；数据处理的目的有限；仅处理为达到目的的最少数据；确保数据准确、时新；储存数据的期限不得长于为达到目的所需的时间和采取技术和管理措施以保护数据安全等原则。

四是《条例》创造性地引入了被遗忘权和可携带权。被遗忘权是指当个人数据已和收集处理的目的无关、数据主体不希望其数据被处理或数据控制者已没有正当理由保存该数据时，数据主体可随时要求收集其数据的企业或个人删除其个人数据。如果该数据被传递给了第三方，数据控制者应通知该第三方删除该数据。可携带权是指数据主体可向数据控制者所要其数据，也可将其个人数据转移至另一个数据控制者。

五是大幅提高违规成本。《条例》对于一般性违法行为，罚款上线是 1000 万欧元或前一年全球营业收入的 2%（两值中取大者）；对于严重违法行为或造成严重后果，罚款上限是 2000 万欧元或前一年全球营业收入的 4%（两值中取大者），这也加大了经营者的违法成本。

六是完善数据资源的监管机制。《条例》提出了“一站式”（one-stop-shop）监管原则，即数据控制者与处理者的主营机构所在国的数据监管机构依据《条例》承担主要监管责任；不同成员国的数据监管机构与主营机构所在国的监管机构开展监管合作，共同实施有效数据监管。这一监管模式不仅明确了各成员国数据监管机构的管辖权，而且消除了监管真空并有效降低了企业的合规成本。

七是完善数据跨境转移监管规则。《条例》规定，欧盟数据传输的目的国（接受国）必须具备完善的个人数据保护法律，其数据监管机构必须能够切实履行保护欧盟数据主体数据权利的职责，并且具备完备的司法救济体系。

随着《条例》的颁布实施，欧盟各国为贯彻落实《条例》的相关规定，推动本国数据法治实施，实现欧盟地区的数据保护体制的一致性，均在修改本国数据保护相关立法，如奥地利出台 2018 年《数据保护修正法案》，该法于 2018 年 5 月 25 日和《条例》同步施行。

2. 对我国的启示

我国在互联网产业快速发展的同时，也出现了严重的个人信息侵权事件，这些事件的发生也引发了人们对个人信息保护的关注。目前，我国现行法律中仍存在碎片化、保护利益不清晰、执法部门定位和权限不明确等问题。我们需要加快社会主体数据保护的立法进程，明确数据保护应上升到保护主体隐私权和主体尊严的高度。在借鉴世界各国立法基础之上，我们可以基本法形式出台个人数据权益保护或个人信息保护方面的专项法，确立数据主体的权利，对数据遗忘权、删除权、可携带权、特殊数据的风险处理等制度进行构建，通过构建多种保护制度保护个人数据，并加大对侵害数据主体权益的处罚力度。

由于企业在经营能力、技术水平和资金上相对于数据主体都处于优势地位，对数据进行收集、加工过程中更是担任主导角色。因而，在数据主体权利的保护中更加需要对企业施加义务，规范企业的数据采集、加工行为以保护数据主体的权利。欧盟树立了一个典范，《条例》通过规定以默认方式保护数据、记录处理活动、个人数据泄露的通知等义务,贯穿数据产业的各个环节,形成一整套保护数据主体权利的义务集合。同时,它又创设多种权利保护数据主体权利。欧盟《条例》在强调个人权利的同时,对个人数据的保护却并不绝对,每一项数据主体权利,包括数据访问权、被遗忘权、数据可携权等条款均规定了限定条件。这些规定就使有关数据的权利与其他权利及正当利益之间形成了恰当的平衡关系。

我国关于跨境数据流动方面的条款制度基本上处于空白。在借鉴世界先进立法经验的基础上,我国也应结合自身国情,设计跨境数据流动的条款,在保护我国数据主体权利和信息安全的前提下,在限定范围内鼓励数据的流动,支持我国企业开展大数据贸易,降低数据交易成本,提高数据的使用效率。

在数据监管方面,我国对数据监管职能也应进行统一规划,欧盟《条例》中进行了欧盟数据安全保护委员会的顶层设计。我国也可借鉴欧盟《条例》的规定,在各部门之外单独设立一个机构来扮演最终裁决者的角色,统一协调管理信息保护事项。

我国现行的法律、法规、行政规章、行业自律规范等也以规制国内企业的数据处理行为为主,缺乏对域外效力的规定。欧盟《条例》增加了域外适用情形,将为欧盟境内的数据主体提供商品或服务以及监控其行为的境外企业纳入了规制范围。除欧盟以外,德国、英国、日本、新加坡等国家均出台了相应的个人信息保护法,在这些国家中,将境外的数据控制者的特定数据处理行为纳入法律的适用范围也成了普遍做法。就当前数据产业发展和个人信息保护规范的现状而言,我国应在未来的个人信息保护法中设立域外适用条款,扩大法律的地域适用范围,以保障数据主体的合法权益。

三、大数据监管现状

（一）监管部门及职能

1. 中央监管部门及职能综述

2018年中央在大数据方面新出台的政策大多来自各个部门，以落实《促进大数据发展行动纲要》（国发〔2015〕50号）所提出的目标："把大数据作为推动经济转型发展的新动力，促进生产组织方式的集约和创新。"进一步推进将大数据技术应用于城市建设、旅游交通、气象等各个具体的领域，例如，国家测绘地理信息局发布了《关于加快推进智慧城市时空大数据与云平台建设试点工作的通知》、交通运输部办公厅、国家旅游局办公室发布了《关于加快推进交通旅游服务大数据应用试点工作的通知》、中国气象局关于印发《气象大数据行动计划（2017～2020年）》的通知。

上述规定并未改变2017年所构建的监管机构体系，中央网信办仍作为统筹协调网络安全工作和监督管理工作的主要机构，其他各部委在各自职权范围内行使监管职能。即大数据法律、法规以及监管政策的出台主要以中央网信办为统筹牵头单位，其他部门在各自职权范围内行使行政监督管理职权。其中气象部门编制了《气象信息化发展规划（2018～2022年）》，其中核心问题就是围绕气象大数据汇集、管理、共享和应用开展一系列工程建设、制度建设和政策措施。在监管方面的政策为:"在中国气象局气象信息化领导小组的统一领导下,加强顶层设计,加强统筹协调,狠抓计划落实,各单位要各尽其责,协同合作,共同做好气象大数据云平台建设。"国家测绘地理信息局《关于加快推进智慧城市时空大数据与云平台建设试点工作的通知》是较为纲领性的文件,主要是以试点的方式普及"智慧城市"建设,在监管方面的政策为:"试点各项任务完成后,省级测绘地理信息主管部门与城市人民政府组织预验收,预验收通过、运行稳定后,报国家测绘地理信息局组织最终验收。"交通运输部办公厅、国家旅游局办公室《关于加快推进交通旅游服务大数据应用试点工作的通知》同样是以试点的方式出台的纲领性文件,强调"旅游交通市场协同监管。加强交通、旅游等部门间信息双、多向整合应用,推动执法信息互联互通"。上述3个政策均为各职能部门在具体领域内出台的大数据相关政策,且大多是运用大数据技术服务具体的社会领域,从监管规定上看大多是传统的"中央统筹协调"的监管思路,但在各部门合作上强调了各部门之间的协同监管与信息互通,能更好地发挥大数据监管的效果。

2. 地方监管部分及职能综述

2017年10月至2018年12月,地方各级政府及其办公厅新出台了大数据相关政策文件共计20项。主要是在2015年国务院下发国务院《关于印发促进大数据发展行动纲要的通知》(国发〔2015〕50号)之后各级政府及其办公厅根据行政管辖区域内大数据发展需求及现状等具体情况发布的关于促进大数据发展规划、税收优惠政策以及其他促进和规范大数据发展的政策等。这些文件的内容主要规划地方大数据发展方向,制定大数据发展的优惠政策,完成国务院关于政务信息资源共享建设的整体规划等事项。同时,新成立了17个大数据管理机构,主要职责是拟定并组织实施大数据战略、规划和政策措施等,见表3-1。

表 3-1 中国省、市级大数据管理机构汇总(2017 年 10 月~2018 年 12 月成立)①

序号	机构名称	成立时间	隶属机构	职能
1	安徽省数据资源管理局(省政务服务管理局)	2018 年 11 月 28 日	安徽省政府	贯彻执行国家关于政务公开和政务服务方面的法律法规和方针政策;组织、协调、指导、监督全省人民政府信息公开工作;承担行政审批服务工作等
2	广西壮族自治区大数据发展管理局	2018 年 11 月 14 日	广西壮族自治区政府	承担推进数字广西建设,统筹全区电子政务基础设施和重要信息系统建设,负责政府数据和社会数据采集、汇聚、管理,推进战略新兴产业发展等方面重要职责,整合相关部门信息化建设、政务服务监督管理等职能
3	数字福建建设领导小组办公室(省大数据管理局)	2018 年 11 月 5 日	福建省发改委	贯彻落实国家有关信息化的政策和法律法规,拟定并组织实施福建省信息化的政策和法规规章;具体统筹福建省信息化工作,推进重点领域信息化应用;统筹规划和协调推进重大信息化基础设施和公共平台建设;负责全省公共信息资源综合管理和开发利用;组织编制数字福建建设投资计划,负责相关项目管理;负责福建省互联网经济牵头抓总、宏观指导、统筹协调和组织推进相关工作等。承担数字福建建设领导小组和省互联网经济联席会议日常工作

① 本部分信息统计时间截至 2019 年 2 月 20 日,数据主要来源为网络搜索及各地方政府官方网站,检索内容为名称中包含“信息”“数据”“数字”的行政部门,并根据该部门的职能判定其是否为大数据管理机构。我们已尽力实现相关信息的真实性、完整性和全面性,但并不对其准确性做出任何明示或隐含的保证。

续表

序号	机构名称	成立时间	隶属机构	职能
4	重庆市大数据应用发展管理局	2018年11月5日	重庆市政府	将市经济和信息化委员会的人工智能、大数据、信息化推进职责,市发展和改革委员会的社会公共信息资源整合与应用、智慧城市建设职责等整合
5	广东省政务服务数据管理局	2018年10月26日	广东省政府办公厅	按照省委、省政府关于"数字政府"改革建设的既定部署,按时保质保量推进政务信息化集约化建设,加强统筹协调
6	浙江省大数据发展管理局	2018年10月25日	浙江省办公厅	整合办公厅的公共数据和电子政务及政府门户网站建设管理职责,以及省经信委的电子政务发展、政务和社会公共服务信息资源开发利用职责,目标是加强互联网与政务服务的深度融合,统筹管理公共数据资源和电子政务,加快推进政府数字化转型和数字浙江建设
7	吉林省政务服务和数字化建设管理局	2018年10月	吉林省政府	将省政府办公厅的电子政务建设、政务公开协调职责,省发改委、省工信厅等相关部门的省大数据建设项目和资金管理、政务信息系统整合共享、行政审批制度改革、"数字吉林"建设、优化营商环境建设职责等整合
8	山东省大数据局	2018年10月	山东省政府	负责牵头制定并组织实施全省大数据发展应用规划和政策措施,加快建设"数字山东"和"互联网+政务服务";统筹规划大数据基础设施建设,建立完善数据开放平台和标准体系,推动政府数据开放共享利用、承担政务服务平台建设管理工作;指导协调大数据产业发展、健全大数据安全保障体系等

续表

序号	机构名称	成立时间	隶属机构	职能
9	西宁市大数据监管服务中心	2018年9月5日	西宁市市场监督管理局	对网络商品交易、网络传销、互联网金融、互联网广告、各大主流电商平台、APP应用市场、微信公众号进行全方位、多维度监测，以解决网络传销频发、网络监管难、网络金融监测空白、网络监管技术手段落后的问题
10	天津市大数据管理中心	2018年7月13日	天津市互联网信息办公室	数据资源的采集、存储、登记、开发利用和共享，监测分析大数据产业发展运行态势，以及数据安全体系建设、安全保障工作；承担全市统一政务信息资源共享交换平台、“津云（政务云）”平台、数据开放平台、数据中心的运行、维护等工作
11	常州市大数据管理局	2018年6月4日	常州市政府	牵头全市智慧政府建设和管理工作；拟订全市政务数据资源发展规划、政策措施和评价体系并组织实施；牵头负责电子政务项目审核、业务指导和目标考核；制定全市政务信息资源共享相关制度规定；指导全市政务数据安全保障体系建设，组织实施全市政务数据的安全保障等工作。市大数据管理局成立后，将按照建设人民满意的服务型政府要求，围绕当前政务服务的“堵点”“痛点”和智慧政府建设的重点领域，加快制订并组织实施《市大数据发展行动计划（2018～2020年）》，深入推进5项行动

续表

序号	机构名称	成立时间	隶属机构	职能
12	上海大数据中心	2018年4月12日	上海市政府	贯彻落实国家大数据发展的方针政策,做好上海大数据发展战略、地方性法规、规章草案和政策建议的基础性工具。该中心承担制定政务数据资源归集、治理、共享、开放、应用、安全等技术标准及管理办法的具体工作。同时,推进上海政务信息系统的整合共享,贯通汇聚各行、各行政部门和各区的政务数据
13	徐州市大数据管理局	2018年1月11日	徐州市政府	负责制订实施全市大数据战略规划和政策措施;拟订大数据的标准体系,制定大数据收集、管理、开放、应用、交易等市级标准和规范,统筹推进社会经济各领域大数据开发应用;促进政府数据资源的共享与开放;负责全市大数据信息安全技术保障体系建设等
14	江西省大数据中心	2018年1月3日	江西省发改委	主要承担落实国家和江西大数据发展政策及规划,承担江西省大数据发展核心技术研究和标准制订、基础设施及应用的建设维护、公共数据的汇聚共享和开放等工作
15	南通市大数据管理局	2017年11月	南通市政府	尚无官方介绍

续表

序号	机构名称	成立时间	隶属机构	职能
16	北京市经济和信息化局(大数据管理局)	2018 年 11 月 8 日	北京市政府	组织研究制订本市信息化工作的方针、政策,组织协调本市有关法规、规章草案和技术标准的制定工作,负责国家及本市有关政策、法规、规范、技术标准的宣传、贯彻工作;组织研究制订本市信息化的发展战略、总体规划以及分阶段实施方案,并负责监督、检查规划、方案的实施;组织协调跨部门、跨地区、关系国民经济和社会发展的重大信息工程项目的建设,指导重点信息化建设工作,在统筹规划下,对重大信息工程项目的立项、可行性研究和开工建设提出意见
17	日照市大数据发展局	2018 年 12 月 28 日	日照市人民政府	主要负责牵头制定并组织实施全市大数据发展应用规划和政策措施,加快建设“互联网 + 政务服务”;统筹规划大数据基础设施建设,建立完善数据开放平台和标准体系,推动政府数据开放共享利用,承担政务服务平台建设管理工作;指导协调大数据产业发展,健全大数据安全保障体系等

2018 年新增的地方大数据管理局共 17 家,各地方大数据管理局职能的侧重点不同。例如,常州市大数据管理局和天津市大数据管理中心更加注重“智慧政府”的建设,强调大数据与政务相结合;西宁市大数据监管服务中心的职能主要是运用大数据技术对市场进行管理,特别是互联网市场;重庆市大数据应用发展管理局的职能主要专注于大数据技术运用于城市基础设施建设,推崇“智慧城市”理念。因此,各个地方的大数据管理局职能并不统一,是因地制宜,针对地区特点而设置的。

截至目前,我国共设立 44 个地方的大数据管理局,从历年设立的数量上看,从2015年开始,每年新设的地方大数据管理局数量总体呈上升的态势,见图3-1。但是从已设立大数据管理局的省市的比例上看,全国设立大数据管理局的城市较少。

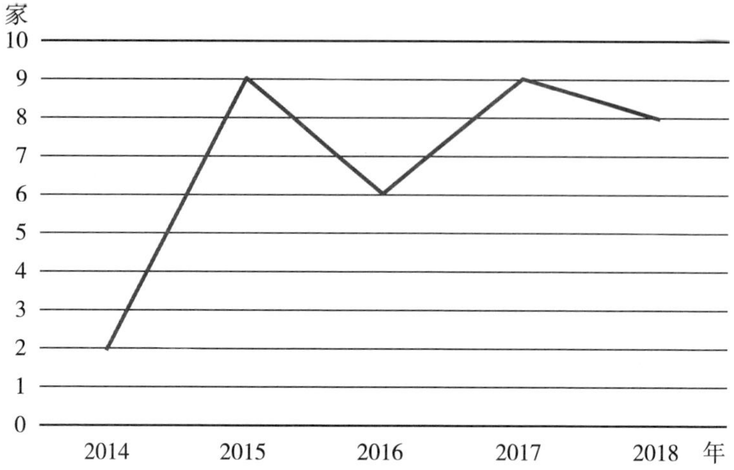

图3-1　大数据管理局设立数量发展趋势

从级别来看,省级的大数据管理局有16个,其余均为地级市大数据管理局。从地域来看,有24个省、自治区、直辖市设有地区大数据管理局。其中,广东省最多,有7个大数据管理局;其次是浙江省,有4个;其他省份均为1~3个。

综上所述,我国地方政府职责除了中央行政法规及部门规章规定的职责外,其主要负责制定促进大数据产业发展等政策,促进监督大数据产业发展,实现政务信息资源共享等。地方成立大数据管理局的,大数据管理局的职责具有专业性、职权集中性等特征,大数据管理局主要负责大数据产业规划、拟定大数据标准体系、组织实施大数据收集、存储、管理、开放、交易、应用等标准规范、协调信息安全保障体系建设等职责。总体上来说,各地方成立大数据管理局成为地方政府监管大数据发展的趋势,成立大数据管理局对制定大数据相关规章制度及实施行政监管都具有重大意义,但目前大数据管理局的数量依然很少,未能成为普遍存在的机构。

(二)政府推进大数据发展政策综述

1. 中央推进大数据发展政策综述

2017年10月以来,中央新发布的关于推进大数据发展政策主要是以下3

项:国家测绘地理信息局发布了《关于加快推进智慧城市时空大数据与云平台建设试点工作的通知》,交通运输部办公厅、国家旅游局办公室发布了《关于加快推进交通旅游服务大数据应用试点工作的通知》,中国气象局关于印发《气象大数据行动计划(2017~2020年)》的通知。结合以前的政策,政策文件涉及的主要内容如图3-2所示。

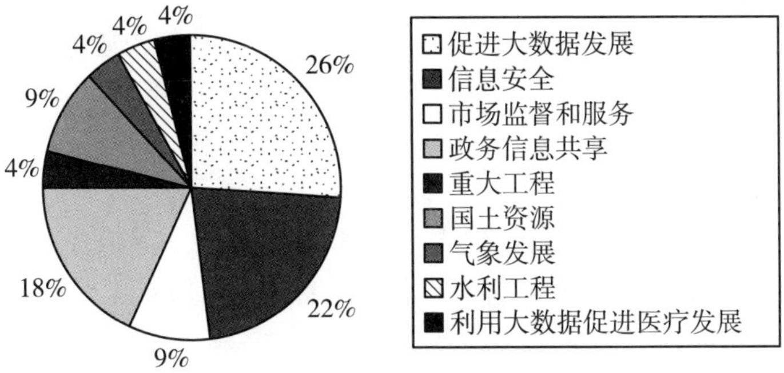

图3-2 政府政策文件规范领域

《关于加快推进智慧城市时空大数据与云平台建设试点工作的通知》主要是为了进一步落实《测绘地理信息事业"十三五"规划》《新型智慧城市建设部际协调工作组2016~2018年工作分工》的有关要求,加快推进智慧城市建设和数字城市推广应用。智慧城市是破解城市发展难题,提升城市治理能力现代化水平,实现城市可持续发展的新路径、新模式、新形态,也是落实国家新型城镇化发展战略,促进城市发展方式转型升级的系统工程。时空大数据与云平台是智慧城市建设的基础和先行。党的十九大报告提出,"建设科技强国、质量强国、航天强国、网络强国、交通强国、数字中国、智慧社会""推动互联网、大数据、人工智能和实体经济深度融合"。中央领导同志多次对智慧城市建设作出重要指示、批示,国家相继出台多个文件对此项工作作出部署,智慧城市建设已成为国家战略。

开展智慧城市建设是测绘地理信息部门的重要职责。智慧城市建设为测绘地理信息事业转型升级提供了良好机遇,为创新发展提供了广阔舞台,这将加快测绘地理信息与大数据、云计算、物联网、人工智能的深度融合,促进技术创新。智慧城市建设是测绘地理信息部门发挥优势、彰显作用的优质品牌,是测绘地理信息融入国家经济社会发展大局、服务城市建设发展的有效途径。此外,该文件还指出了"大数据"在智慧城市建设过程中的价值和作用:大数据蕴含着巨大的经济、社会、科研价值,已成为各领域关注的热点,基于时空的大数据挖掘分析能够为宏观决策、商业运营、产业应用提供依据。大数据挖掘分析能力是衡量智慧城市建设水平的关键指标之一。要基于统一的时空基准,深入挖掘人口、教育、卫生、交通、国情等大数据蕴含的知识与规律,探索人口分布、公共设施布局、交通出行、防灾减灾、应急管理等主题挖掘应用,为区域经济发展和宏观政策制定提供参考和辅助。

《关于加快推进交通旅游服务大数据应用试点工作的通知》的重点为:"运游一体化服务;旅游交通市场协同监管;景区集疏运监测预警;旅游交通精准信息服务。"主要是鼓励运用大数据技术实现交通旅游资源优化配置、遏制违法行为、提供丰富的服务。

中国气象局关于印发《气象大数据行动计划(2017~2020年)》的通知提出了:"大力推动气象大数据资源共建共享,统筹气象大数据云平台建设,将其建设成为气象部门最完备、最权威的在线数据仓库与数据挖掘应用的云计算平台。推进气象数据开放,以及基于气象大数据的精准预警预报、防灾减灾救灾的决策研判,以及跨行业的数据价值挖掘。以高质量、高标准和优质用户体验的数据服务,打造在全球、全国、全社会享有广泛权威性和美誉度的国家气象大数据中心品牌。在我国战略重点区域,具备不依赖国外而提供'历史—实时—预测'完整气象数据集的能力"的发展目标。《气象大数据行动计划(2017~2020年)》不仅对各级别机构的主要目标进行了细化,还详细规定了总体布局、重点任务、组织实施、保障措施等方面,实操性很强。

2. 地方推进大数据发展政策综述

2017年10月至今,各地方新出台25项促进大数据发展的政策文件,这些政策以强调促进大数据产业的发展为主要内容,各省市针对自身具体情况制定了大数据产业发展规划纲要、大数据和云计算发展计划、促进大数据发展应用的若干政策等(见表3-2)。分别来自安徽、福建、贵州、河南、江苏、辽宁、内蒙古、山东、陕西、新疆、天津、广东12个省市,其中安徽省、福建省和贵州省最多,分别出台了4项政策。在25项新增的政策中,关于促进大数据产业发展的有7项,关于规范医疗大数据应用和试验区或产业园大数据试点的分别有3项,此外还有关于云计算、人工智能、农业产业等特定领域的大数据发展规划。

表 3-2　各地大数据发展政策汇总(2017 年 10 月~2018 年 12 月发布)①

区域	级别	文件名称	颁布时间
安徽	安徽省	《关于进一步加快推进安徽省政务信息系统整合共享工作的通知》	2018 年 5 月 28 日
		《支持数字经济发展若干政策的通知》	2018 年 10 月 23 日
	合肥市	《合肥市大数据企业认定管理办法》	2018 年 8 月 29 日
	铜陵市	《关于印发促进大数据产业发展若干政策的通知》	2017 年 10 月 26 日
福建	福建省	《关于推进实施产业大数据应用示范工程的通知》	2017 年 10 月 25 日
	福州市	《关于印发〈福州市健康医疗大数据资源管理实施细则〉的通知》	2017 年 10 月 25 日
		《关于印发〈福州市健康医疗大数据开放开发实施细则〉的通知》	2017 年 10 月 25 日
		《关于加快大数据产业发展的三条措施》	2017 年 6 月 26 日
贵州	贵州省	《关于促进大数据云计算人工智能创新发展加快建设数字贵州的意见》	2018 年 6 月 11 日
	铜仁市	《关于印发铜仁市大数据创新应用专项行动实施方案的通知》	2018 年 4 月 4 日
		《关于印发铜仁市大数据助推农业产业脱贫攻坚三年行动实施方案(2017~2019 年)的通知》	2017 年 10 月 31 日
	毕节市	关于印发《毕节市 2018 年大数据与实体经济深度融合实施方案》的通知	2018 年 3 月 6 日

① 本部分数据及信息统计时间截至 2019 年 2 月 20 日,数据主要来源为"法律法规数据库"及"北大法宝"等数据库及地方政府官方网站,检索方式为关键词检索,检索内容为名称中包含"信息""数据"等关键词的文件。我们已尽力实现相关信息的真实性、完整性和全面性,但并不对其准确性做出任何明示或隐含的保证。

续表

区域	级别	文件名称	颁布时间
河南	河南省	《关于印发河南省大数据产业发展三年行动计划(2018~2020年)的通知》	2018年5月9日
	洛阳市	《关于印发洛阳市支持大数据及电子信息产业发展若干政策的通知》	2018年5月30日
		《关于促进大数据发展的实施意见》	2017年11月7日
江苏	扬州市	《关于印发扬州市大数据资源整合共享开放工作实施方案的通知》	2017年11月17日
辽宁	沈阳市	《关于印发沈阳市国家大数据综合试验区建设三年行动计划(2018~2020年)的通知》	2018年5月20日
内蒙古	内蒙古自治区	关于印发《大数据与产业深度融合行动计划(2018~2020年)》的通知	2018年4月29日
		关于印发《内蒙古自治区大数据发展总体规划(2017~2020年)》的通知	2017年12月28日
山东	菏泽市	《关于促进和规范健康医疗大数据应用发展的实施意见》	2018年1月8日
山西	吕梁市	《关于进一步做好“数谷吕梁·智赢未来”吕梁大数据产业发展工作的通知》	2017年11月21日
陕西	陕西省	《关于印发促进和规范健康医疗大数据应用发展实施方案的通知》	2017年12月19日
新疆	新疆维吾尔自治区	《关于印发自治区大力发展软件和信息服务业促进大数据与云计算应用若干政策措施的通知》	2017年10月22日
天津	天津市	《天津市促进大数据发展应用条例》	2018年12月14日
广东	广东省	《关于推进健康医疗大数据应用的实施意见》	2018年12月20日

通过对各省市政策文件的分析发现,各政策文件依然存在原则性较为突出,缺乏实际操作的规定;鼓励优惠政策较多,大数据法治建设方面的内容较少的问题。例如,福建省出台的4项政策中,除了《关于印发〈福州市健康医疗大数据开放开发实施细则〉的通知》外,其余均为鼓励优惠政策。另外,上述25项政策中,有5项是关于大数据发展的行动计划或总体规划类政策,这类政策大致以"总体要求—基本原则—行动目标—重点任务—保障措施"为体例展开,其中关于大数据法治建设的规定仅有几句原则性的规定,并无具体的立法计划。例如,沈阳市人民政府办公厅《关于印发沈阳市国家大数据综合试验区建设三年行动计划(2018~2020年)的通知》中规定:"(二)完善法规制度。研究制定推进大数据综合试验区建设相关法律法规,完善智慧城市及电子政务建设和运维项目管理制度,优化资源配置和管理流程(责任单位:市大数据局)。"在许多行动计划类政策中并未提及大数据法治建设,例如,铜仁市人民政府办公室《关于印发铜仁市大数据助推农业产业脱贫攻坚三年行动实施方案(2017~2019年)的通知》、内蒙古自治区人民政府办公厅《关于印发大数据与产业深度融合行动计划(2018~2020年)的通知》。由此可见,在各地如火如荼地将大数据应用于社会各个领域时,许多地方政府依旧忽略了运用法律法规来规制大数据技术的运用。

(三)监管与执法实践

首先,现有的政策更多关注于运用大数据技术帮助政府发挥传统的监管职责,而忽视了对"大数据运用"行为本身的监管;其次,现有政策主要采取各种财政补贴和优惠鼓励大数据应用企业的发展,而放松了对大数据应用企业运营的监管;最后,现有政策大力鼓励各个产业运用大数据进行产业转型和升级的同时,忽略了对各产业的"大数据应用行为"的监管。换言之,现有政策鼓励将"大数据技术"应用到广大人民生活的方方面面,却缺少对此项应用的限制,对数据安全、信息安全造成了较大的风险,监管机构还应运用监管技术处理好大数据发展与数据安全之间的平衡。

鉴于大数据法治不健全,监管主体不明确,行政监管处于空白阶段的现状,国务院《"十三五"国家信息化规划》中明确要求实施大数据安全保障工程,加强数据资源在采集、传输、存储、使用和开放等环节的安全保护。切实加强对涉及国家利益、公共安全、商业秘密、个人隐私、军工科研生产等信息的保护,严厉打击非法泄露和非法买卖数据的行为。建立跨境数据流动安全监管制度,保障国家基础数据和敏感信息安全。出台党政机关和重点行业采购使用云计算服务、大数据的相关规定。加快推动政府数据开放、互联网信息服务管理、数据权属、数据管理、网络社会管理等相关立法工作。完善司法解释,推动现有法律延伸适用到网络空间。理顺网络执法体制机制,明确执法主体、执法权限、执法标准。加强部门信息共享与执法合作,创新执法手段,形成执法合力。提高全社会自觉守法意识,营造良好的信息化法治环境。

可喜的是,2018 年以来,我国监管机构逐步意识到解决数据安全问题刻不容缓。根据《经济参考报》2018 年 7 月 20 日的报道,我国目前正在开展的全国网络安全执法大检查行动,首次开展针对大数据安全的整治工作,具体包括大数据的采集、存储、应用、传输、销毁等全生命周期的监管、安全以及保护。此次大数据安全整治将全面对我国大数据信息内容、存储位置、所涉企业进行摸底。同时,对企业采集信息来源开展执法检查,对数据采集的合法性、应用的范围限制等进行确定。同时,大数据安全整治检查中一项重点工作是对合法采集内容与非法采集内容进行分类。其中,对于非法采集信息,将进行集中打击、销毁;对合法、合规采集的信息,则纳入保护监管范围。公安部网络安全保卫局总工程师郭启全在接受《经济参考报》记者采访时表示,大数据安全整治是我国近期正在开展的全国网络安全执法大检查行动中的重要内容,这也是首次将大数据安全纳入检查对象,尤其是针对公民个人信息的保护将是执法的重中之重。现阶段大数据安全是网络安全问题中最为突出的,也是与公民个人关系最为紧密的。其不仅会影响国家安全、政治安全、军事安全,还会影响企业商业利益、公民的生命安全。在对大数据安全本身进行检查的同时,还需把控信息储存硬件、信息通道等信息集聚资产的安全。目前,为摸清我国相关信息网络安全情况,我国正开展为期半年的网络安全执法大检查,其中就包括全面排查重要信息系统、关键信息基础设施和大数据安全保护状况,摸清风险,堵塞漏洞,落实责任,深入实施国家网络安全等级保护制度,全面提高网络安全保障能力和防护水平,严厉打击入侵破坏计算机信息系统、侵犯公民个人信息等网络黑产。此次检查将借助我国自主研发的 D01 检查工具箱,其可对关键信息基础设施进行快速摸底,包括未管理、无归属的资产与服务,同时进行漏洞的扫描,将本需数天甚至数十天的工作量压缩至数小时内进行,大幅提高效率,实现对风险的精准定位,圈定漏洞影响范围,及时进行通报与处置。

表 3-3 中国省、市级大数据管理机构汇总①(2018 年 12 月前成立)

序号	机构名称	成立时间	隶属机构	职能
1	安徽省数据资源管理局(省政务服务管理局)	2018 年 11 月 28 日	安徽省政府	贯彻执行国家关于政务公开和政务服务方面的法律法规和方针政策;组织、协调、指导、监督全省人民政府信息公开工作;承担行政审批服务工作等
2	广西壮族自治区大数据发展管理局	2018 年 11 月 14 日	广西壮族自治区政府	承担推进数字广西建设,统筹全区电子政务基础设施和重要信息系统建设,负责政府数据和社会数据采集、汇聚、管理,推进战略新兴产业发展等方面重要职责,整合相关部门信息化建设、政务服务监督管理等职能
3	数字福建建设领导小组办公室(省大数据管理局)	2018 年 11 月 5 日	福建省发改委	贯彻落实国家有关信息化的政策和法律法规,拟定并组织实施我省信息化的政策和法规规章;具体统筹我省信息化工作,推进重点领域信息化应用;统筹规划和协调推进重大信息化基础设施和公共平台建设;负责全省公共信息资源综合管理和开发利用;组织编制数字福建建设投资计划,负责相关项目管理;负责福建省互联网经济牵头抓总、宏观指导、统筹协调和组织推进相关工作等。承担数字福建建设领导小组和省互联网经济联席会议日常工作
4	重庆市大数据应用发展管理局	2018 年 11 月 5 日	重庆市政府	将市经济和信息化委员会的人工智能、大数据、信息化推进职责,市发展和改革委员会的社会公共信息资源整合与应用、智慧城市建设职责等整合

① 本部分信息统计时间截至 2019 年 2 月 20 日,数据主要来源为网络搜索及各地方政府官方网站,检索内容为名称中包含“信息”“数据”“数字”的行政部门,并根据该部门的职能判定其是否为大数据管理机构。我们已尽力实现相关信息的真实性、完整性和全面性,但并不对其准确性做出任何明示或隐含的保证。

续表

序号	机构名称	成立时间	隶属机构	职能
5	广东省政务服务数据管理局	2018 年 10 月 26 日	广东省政府办公厅	按照省委、省政府关于"数字政府"改革建设的既定部署,按时保质保量推进政务信息化集约化建设,加强统筹协调
6	浙江省大数据发展管理局	2018 年 10 月 25 日	浙江省办公厅	整合办公厅的公共数据和电子政务及政府门户网站建设管理职责,和省经信委的电子政务发展、政务和社会公共服务信息资源开发利用职责,目标是加强互联网与政务服务的深度融合,统筹管理公共数据资源和电子政务,加快推进政府数字化转型和数字浙江建设
7	吉林省政务服务和数字化建设管理局	2018 年 10 月	吉林省政府	将省政府办公厅的电子政务建设、政务公开协调职责,省发改委、省工信厅等相关部门的省大数据建设项目和资金管理、政务信息系统整合共享、行政审批制度改革、"数字吉林"建设、优化营商环境建设职责等整合
8	山东省大数据局	2018 年 10 月	山东省政府	负责牵头制定并组织实施全省大数据发展应用规划和政策措施,加快建设"数字山东"和"互联网 + 政务服务";统筹规划大数据基础设施建设,建立完善数据开放平台和标准体系,推动政府数据开放共享利用、承担政务服务平台建设管理工作;指导协调大数据产业发展、健全大数据安全保障体系等

续表

序号	机构名称	成立时间	隶属机构	职能
9	西宁市大数据监管服务中心	2018年9月5日	西宁市市场监督管理局	对网络商品交易、网络传销、互联网金融、互联网广告、各大主流电商平台、APP应用市场、微信公众号进行全方位、多维度监测，以解决网络传销频发、网络监管难、网络金融监测空白、网络监管技术手段落后的问题
10	天津市大数据管理中心	2018年7月13日	天津市互联网信息办公室	数据资源的采集、存储、登记、开发利用和共享，监测分析大数据产业发展运行态势，以及数据安全体系建设、安全保障工作；承担全市统一政务信息资源共享交换平台、“津云（政务云）”平台、数据开放平台、数据中心的运行、维护等工作
11	常州市大数据管理局	2018年6月4日	常州市政府	牵头全市智慧政府建设和管理工作；拟订全市政务数据资源发展规划、政策措施和评价体系并组织实施；牵头负责电子政务项目审核、业务指导和目标考核；制定全市政务信息资源共享相关制度规定；指导全市政务数据安全保障体系建设，组织实施全市政务数据的安全保障等工作。市大数据管理局成立后，将按照建设人民满意的服务型政府要求，围绕当前政务服务的“堵点”“痛点”和智慧政府建设的重点领域，加快制订并组织实施《市大数据发展行动计划（2018～2020年）》，深入推进五项行动
12	上海大数据中心	2018年4月12日	上海市政府	贯彻落实国家大数据发展的方针政策，做好上海大数据发展战略、地方性法规、规章草案和政策建议的基础性工具。该中心承担制定政务数据资源归集、治理、共享、开放、应用、安全等技术标准及管理办法的具体工作。同时，推进上海政务信息系统的整合共享，贯通汇聚各行、各行政部门和各区的政务数据

续表

序号	机构名称	成立时间	隶属机构	职能
13	徐州市大数据管理局	2018年1月11日	徐州市政府	负责制订实施全市大数据战略规划和政策措施;拟订大数据的标准体系,制定大数据收集、管理、开放、应用、交易等市级标准和规范,统筹推进社会经济各领域大数据开发应用;促进政府数据资源的共享与开放;负责全市大数据信息安全技术保障体系建设等
14	江西省大数据中心	2018年1月3日	江西省发改委	主要承担落实国家和江西大数据发展政策及规划,承担江西省大数据发展核心技术研究和标准制订、基础设施及应用的建设维护、公共数据的汇聚共享和开放等工作
15	南通市大数据管理局	2017年11月	南通市政府	尚无官方介绍
16	黔西南州大数据局	2017年10月	黔西南州人民政府	设有义龙、教育、公安、国土、工商、人社、财政、卫计、双创共9个分中心
17	酒泉市大数据管理局	2017年8月	酒泉市政府	贯彻落实中央和省、市党委、政府信息化建设重大决策部署;承担全市信息化社会服务管理规划、智慧城市建设规划、信息化产业发展规划;统筹全市大数据平台建设,负责政府数据统一"云平台"建设管理,组织制定相关标准规范,积极推动大数据信息产业开发应用;负责全市信息化重大项目审核、资金使用、业务指导和工作考核;协调推进全市信息资源整合和共享工作;指导、协调、监督、检查全市电子政务工作;承担酒泉市智慧城市工作领导小组办公室主要职能

续表

序号	机构名称	成立时间	隶属机构	职能
18	合肥市数据资源局	2017 年 8 月	合肥市政府	统筹全市信息化、电子政务、智慧城市、大数据、“互联网 +”等工作职能,加快推进政务、民生、产业领域各类数据资源的深度开发利用与开放共享,显著提升政府治理和公共服务能力,打造新型智慧城市等
19	杭州市数据资源管理局	2017 年 6 月	杭州市政府	贯彻执行国家、省有关数据资源管理的方针政策和法律法规;受委托起草杭州市相关的地方性法规、规章草案和规范性文件,经审议通过后组织实施;拟订全市数据资源发展战略、发展规划、年度计划、政策措施和评价体系并组织实施。组织实施国家和地方数据技术标准;研究制定杭州市数据资源采集、存储、使用、开放、共享等标准规范,并监督实施。负责全市政务数据和公共数据平台建设和管理;组织协调全市政务数据和公共数据资源的目录制定、归集管理、整理利用、共享开放;推动数据资源在政府管理和社会治理领域的应用,组织实施城市“数据大脑”等重大项目的建设。此外,还要指导全市经济社会各领域的数据开发利用,促进全市大数据产业发展,并组织协调智慧电子政务项目,以及数据资源基础设施的建设、管理和绩效评估等
20	中卫市云计算和大数据发展服务局	2017 年 6 月	中卫市政府	主要负责研究编制及组织实施全市云计算、大数据和军民融合产业规划、发展、管理;促进大数据的政用、民用、商用,并承担中卫西部云基地建设、云计算和大数据、军民融合产业相关项目的招商引资、技术洽谈、项目落地、工程实施等

续表

序号	机构名称	成立时间	隶属机构	职能
21	哈尔滨市大数据管理局	2017 年 4 月	哈尔滨市工业和信息化委员会	拟订全市信息化发展总体规划,组织实施国家和省信息化相关标准,制定地方信息化标准规范;统筹规范和管理全市电子政务,协调电子政务各应用系统建设,推进电子商务发展和信息资源开发利用;协调推动跨行业、跨部门的互联互通和资源共享;促进电信、广播电视和计算机网络融合;推进信息化与工业化融合等
22	昆明市大数据管理局	2017 年 3 月	昆明市经信委	按照国家、省的要求拟定大数据标准体系和考核体系,组织实施大数据采集、管理、开放、交易、应用等相关工作;统筹推进社会经济各领域大数据开放应用;统筹协调智慧城市建设的整体推进工作等
23	内蒙古自治区大数据发展管理局	2017 年 1 月	内蒙古自治区政府	尚无官网简介
24	青岛市大数据发展促进局	2016 年 11 月	青岛市政府	调整完善大数据发展协调推进体制;负责组织建立信息资源安全管理制度,指导督促信息资源采集、共享、使用全过程的安全保障工作,指导推进信息资源风险评估和安全审查,加强对大数据安全技术、设备和服务提供商的风险评估和安全管理;突出加强大数据信息安全体系建设;健全大数据发展法规和政策体系等
25	成都市大数据和电子政务管理办公室	2017 年	成都市人民政府办公厅	负责拟订全市大数据发展战略、规划和政策措施并组织实施,引导和推动大数据研究和应用工作;组织拟订大数据收集、管理、开放、应用等标准规范和考核体系;统筹推进全市数据资源互联互通和共享开放等

续表

序号	机构名称	成立时间	隶属机构	职能
26	银川市大数据管理服务局	2016 年 11 月	银川市政府	研究并组织实施智慧银川建设以及大数据战略、规划和政策措施,引导和推动智慧银川建设以及大数据的研究和应用工作,协调信息资源的互联互通、资源共享;协调、组织实施国家和地方数据技术标准,研究基础信息资源共享交换目录、技术规范和范围;组织实施大数据的标准体系和考核体系,推动大数据形成机制的建立和开发应用;组织实施大数据收集、管理、开放、交易、应用等标准规范;组织实施智慧银川运行管理规范和部件标准;协调全市信息安全保障体系建设等
27	贵阳市大数据发展管理委员会	2016 年 9 月	贵阳市政府	研究拟订并组织实施大数据战略、规划和政策措施,引导和推动大数据研究和应用工作;组织拟订大数据的标准体系和考核体系;拟定大数据收集、管理、开放、应用等标准规范;负责以大数据为引领的信息产业行业管理,统筹推进社会经济各领域大数据的开发应用;组织编制电子政务建设规划“互联网 + 行动计划”并组织实施;组织协调市级重大电子政务项目建设和“互联网 + 应用工程”;负责信息基础设施规划、协调、管理和监督;负责统筹政务信息网络系统、政务数据中心的建设、管理,促进政府数据资源的共享与开放;统筹协调信息安全保障体系建设;承担信息安全等级保护、应急协调和数字认证相关工作;承办市委、市人民政府交办的其他事项

续表

序号	机构名称	成立时间	隶属机构	职能
28	咸阳市大数据管理局	2016 年 7 月	咸阳市政府	负责全市信息共享工作的组织领导,协调解决与政府信息共享有关的重大问题;研究拟订并组织实施大数据战略、规划和政策措施,引导和推动大数据研究和应用工作;组织制定大数据收集、整理、发布、维护、更新等标准规范;建立全市统一的数据服务中心和信息共享机制;对共享信息实行动态管理,确保共享信息的准确性、实效性;统筹协调信息资源的安全管理,承担信息安全等级保护、应急协调和数字认证等工作
29	宁波市大数据管理局	2016 年 6 月	宁波经信委	负责拟订并组织实施全市大数据发展战略、规划和政策措施;组织制定全市大数据资源收集、共享、开放、应用、交易等标准规范,统筹管理全市政务数据资源收集、挖掘、共享、开放工作;负责全市信息基础设施集约化规划、建设、管理和应用;协调并监督重大信息基础设施建设和信息资源开发项目建设,组织推进国家大数据相关工程建设;统筹推进城市公共服务大数据应用,协调推进全社会大数据建设,推进面向全社会的城市大数据资源体系、交易体系、应用体系建设;组织制定大数据发展工作考核体系、标准并监督检查和评估考核;指导产业大数据应用,制定大数据产业发展政策,培育大数据产业,协调大数据产业合作,配合推进大数据产业基地建设等
30	江门市网络信息统筹局	2016 年 5 月	江门市政府	统筹数据管理,为当地政府的决策提供数据支撑,确保科学决策等

续表

序号	机构名称	成立时间	隶属机构	职能
31	浙江省数据管理中心	2015 年 11 月	浙江省政府	拟定并组织实施大数据发展规划和政策措施;研究制定数据资源采集、应用、共享等标准规范;统筹推进大数据基础设施建设、管理;组织协调大数据资源归集整合、共享开放,推进大数据应用;组织协调大数据信息安全保障体系建设。负责大数据发展的政策制定、相关整合工作、数据开放共享等顶层设计
32	保山市大数据管理局	2015 年 11 月	保山市工信委	推荐数据资源整合、开放与利用;深入推进"互联网 + 惠民工程";促进保山国际数据服务产业园发展
33	黄石市大数据管理局	2015 年 11 月	黄石市经信委	研究拟订并组织实施大数据战略、规划和政策措施,引导和推动大数据研究和应用工作;组织制定大数据收集、管理、开放、应用等标准规范;推动形成全社会大数据形成机制的建立和开发应用;承担企业情况综合工作,负责企业数据收集和存储;负责统筹政务信息网络系统、政务数据中心的建设、管理等
34	贵州省大数据发展管理局	2015 年 10 月	贵州省政府	研究拟订并组织实施大数据战略、规划和政策措施,引导和推动大数据研究和应用工作;组织拟定大数据的标准体系和考核体系;拟定大数据收集、管理、开放、应用等标准规范;负责以大数据为引领的信息产业行业管理,统筹推进社会经济各领域大数据开发应用;组织编制电子政务建设规划"互联网 + 行动计划"并组织实施;组织协调市级重大电子政务项目建设和"互联网 + 应用工程";负责信息基础设施规划、协调、管理和监督;负责统筹政务信息网络系统政务数据中心的建设、管理、促进政府数据资源的共享与开放;统筹协调信息安全保障体系建设,承担信息安全等级保护,应急协调和数字认证相关工作等

续表

序号	机构名称	成立时间	隶属机构	职能
35	兰州市大数据社会服务管理局	2015年9月	兰州市政府	贯彻落实党中央和省市党委、政府信息化建设重大决策部署;研究拟定并组织实施全市信息化社会服务、智慧城市建设等大数据发展政策措施,会同有关部门研究组织实施信息产业政策规划;负责统筹全市大数据平台建设、组织制定大数据收集、管理、开放、应用等相关标准规范;负责全市社会服务信息化建设和管理工作;负责县区信息化建设总体规划及部门信息化建设规划、方案的审核工作;负责协调推进全市信息资源整合及共享;负责大数据产业、三维数字社会服务管理、信息产业促进等工作的指导、监督和考核等
36	沈阳市大数据管理局	2015年6月	沈阳市经信委	负责组织制定智慧沈阳的总体规划和实施方案;研究制定大数据战略、规划和相关政策;组织制定大数据的标准体系和考核体系,统筹推动全社会大数据库建设,组织制定大数据采集、管理、开放、交易、应用等标准规范;指导大数据产业发展;组织协调政务信息资源共享;统筹协调信息安全保障体系建设等工作
37	广州市大数据管理局	2015年5月	广州市工信委	研究拟订并组织实施大数据战略、规划和政策措施,引导和推动大数据研究和应用工作;协调、组织实施国家和地方数据技术标准,研究拟定基础信息资源共享交换目录、技术规范和范围;组织制定大数据收集、管理、开放、应用等标准规范;制定智慧城市运行管理规范和部件标准并组织实施;推动形成全市大数据形成机制的建立和开发应用;负责统筹规划建设工业大数据库,建立企业能耗、环保、安全生产监测指标等数据库。支撑量化融合公共信息平台的运行;负责企业数据信息采集、统计、分析、报告等企业情况综合工作等

续表

序号	机构名称	成立时间	隶属机构	职能
38	广东省大数据管理局	2014 年 2 月	广东省经信委	研究拟定并组织实施大数据战略、规划和政策措施，引导和推动大数据研究；组织制定大数据收集、管理、开放、应用等标准规范；推动形成权社会大数据形成机制的建立和开发应用；承担企业情况综合工作，负责企业数据收集和存储；组织编制电子政务建设规划并组织实施；组织协调政务信息资源共享；负责统筹政务信息网络系统、政务数据中心建设、管理；统筹协调信息安全保障体系建设；承担信息安全等级保护、应急协调和数字认证相关工作等
39	深圳市电子政务资源中心	1995 年 10 月	深圳经济贸易和信息化委员会	负责建设、管理和运行维护全市机关网络平台（含统一互联网出口）、数据中心、政务信息资源目录体系与交换体系、数据备份中心、安全支撑平台等电子政务基础设施。负责建设、管理和运行维护政务信息资源交换平台，人口、法人基础库和其他市级公共政务信息资源。负责建设、管理和运行维护内外网门户网站技术平台和电子政务公共应用平台，包括网站生成平台、政务邮件系统、政务短信平台和其他应用支撑平台。承担全市电子政务建设的相关研究和咨询评估工作。协助市级党政机关按照全市统一规划开展电子政务建设，向委托单位派驻人员提供技术指导和支持。承办主管部门交办的其他事项

续表

序号	机构名称	成立时间	隶属机构	职能
40	宁夏回族自治区银川市大数据管理服务局	2016年11月	银川市政府	研究并组织实施智慧银川建设以及大数据战略、规划和政策措施，引导和推动智慧银川建设以及大数据的研究和应用工作，协调信息资源的互联互通、资源共享；协调、组织实施国家和地方数据技术标准，研究基础信息资源共享交换目录、技术规范和范围；组织实施大数据的标准体系和考核体系，推动大数据形成机制的建立和开发应用；组织实施大数据收集、管理、开放、交易、应用等标准规范；组织实施智慧银川运行管理规范和部件标准；协调全市信息安全保障体系建设等
41	安徽省芜湖市人民政府信息化办公室(大数据管理局)	未知	芜湖市人民政府信息化办公室	(一)贯彻执行国家、省有关国民经济和社会信息化工作的方针政策和法律法规；结合本市实际，研究拟定信息化工作的政策、规定和管理办法；制定技术规范及标准，并组织实施。 (二)根据国民经济和社会发展总体规划，研究制定信息化发展战略，编制信息化建设中长期规划、信息化建设年度计划，并组织实施和监督、检查。 (三)负责全市信息化建设项目的规划、管理和协调工作；负责政府投资信息化建设项目的立项审查、过程监督和验收评估，并会同有关部门组织、协调和监督信息化专项资金的使用。负责规划、组织和实施全市电子政务工作，推进重大信息化工程建设；组织、协调和推动跨行业、跨部门的互联互通和重要信息资源的开发利用。 (四)协调信息安全管理，指导和监督政府部门、重点行业的重要信息安全系统与基础信息网络的安全保障工作，协调全市信息安全保障体系建

续表

序号	机构名称	成立时间	隶属机构	职能
41	安徽省芜湖市人民政府信息化办公室（大数据管理局）	未知	芜湖市人民政府信息化办公室	设，指导信息安全防范工作；会同有关部门协调处理网络与信息安全重大事件。 （五）会同有关部门协调通信管线、公用通信网、有线电视网、专用信息网等通信信息基础设施的规划与建设。 （六）负责信息化宣传、教育、培训和信息专业人才推荐引进等工作；负责信息化工作的国际、国内交流与合作；指导县、区信息化建设工作。 （七）承担市信息化工作领导小组暨智慧城市建设工作领导小组办公室的日常工作
42	北京市经济和信息化局（大数据管理局）	2018 年 11 月 8 日	北京市政府	组织研究制订本市信息化工作的方针、政策，组织协调本市有关法规、规章草案和技术标准的制定工作，负责国家及本市有关政策、法规、规范、技术标准的宣传、贯彻工作；组织研究制订本市信息化的发展战略、总体规划以及分阶段实施方案，并负责监督、检查规划、方案的实施；组织协调跨部门、跨地区、关系国民经济和社会发展的重大信息工程项目的建设，指导重点信息化建设工作，在统筹规划下，对重大信息工程项目的立项、可行性研究和开工建设提出意见
43	日照市大数据发展局	2018 年 12 月 28 日	日照市人民政府	主要负责牵头制定并组织实施全市大数据发展应用规划和政策措施，加快建设“互联网 + 政务服务”；统筹规划大数据基础设施建设，建立完善数据开放平台和标准体系，推动政府数据开放共享利用，承担政务服务平台建设管理工作；指导协调大数据产业发展，健全大数据安全保障体系等

续表

序号	机构名称	成立时间	隶属机构	职能
44	保山市大数据管理局	2015 年 11 月 28 日	保山市人民政府	一是推进数据资源整合、开放与利用;二是深入推进“互联网 + 惠民工程”;三是促进保山国际数据服务产业园发展

表 3 – 4　省市大数据政策汇总①(2018 年 12 月前发布)

序号	区域	级别	文件名称	颁布时间
1	贵州	贵州省	《关于促进大数据云计算人工智能创新发展加快建设数字贵州的意见》	2018 年 6 月 11 日
			《关于进一步科学规划布局数据中心大力发展大数据应用的通知》	2017 年 10 月 30 日
			《贵州省政务信息系统整合共享工作方案》	2017 年 10 月 13 日
			《贵州现代产业发展试验区建设工作方案》	2017 年 8 月 30 日
			《关于促进和规范健康医疗大数据应用发展的实施意见》	2017 年 7 月 18 日
			《贵州省“数据铁笼”工作推进方案》	2017 年 4 月 21 日
			《贵州省大数据发展管理局主要职责内设机构和人员编制规定》	2017 年 1 月 25 日
			《贵州省数字经济发展规划(2017 ~ 2020 年)》	2017 年 2 月 6 日
			《贵州省应急平台体系数据管理暂行办法》	2016 年 11 月 10 日
			《贵州省大数据产业发展引导目录(试行)》	2016 年 8 月 18 日

① 本部分数据及信息统计时间截至 2019 年 2 月 20 日,数据主要来源为“法律法规数据库”及“北大法宝”等数据库及地方政府官方网站,检索方式为关键词检索,检索内容为名称中包含“信息”“数据”等关键词的文件。我们已尽力实现相关信息的真实性、完整性和全面性,但并不对其准确性做出任何明示或隐含的保证。

续表

序号	区域	级别	文件名称	颁布时间
1	贵州	贵州省	《贵州省卫生计生委关于加快医疗卫生事业与大数据融合发展的指导意见》	2016年6月1日
			《省人民政府关于积极推进“互联网+”行动实施意见》	2015年11月30日
			《关于加快大数据产业发展应用若干政策的意见》	2014年2月25日
			《贵州省大数据产业发展应用规划纲要(2014~2020年)》	2014年2月25日
		贵阳市	《中共贵阳市委　贵阳市人民政府关于加快建成“中国数谷”的实施意见》	2017年11月27日
			《贵阳市深化改革运用大数据推进社会信用体系建设工作的意见(试行)》	2017年7月7日
			《贵阳市大数据标准建设实施方案》	2017年2月9日
			运用大数据管控、考核违法建筑的实施办法(试行)	2016年10月11日
			《贵阳市实施大数据基础人才“万人培养计划”工作方案》	2016年9月8日
			《以大数据为引领打造创新型中心城市的十大开放平台》	2016年7月11日
			《以大数据为引领打造创新型中心城市的十大重点工程》	2016年7月11日
			《以大数据为引领打造创新型中心城市监测评价指标体系》	2016年7月11日
			《中共贵阳市委关于以大数据为引领加快打造创新型中心城市的意见》	2016年7月11日

续表

序号	区域	级别	文件名称	颁布时间
1	贵州	贵阳市	《以大数据为引领打造创新型中心城市的十条改革措施》	2016年7月11日
			《以大数据为引领打造创新型中心城市的十大保障机制》	2016年7月11日
			《贵阳市大数据产业人才专业技术职务评审办法（试行）》	2016年6月15日
			《关于加快大数据产业人才队伍建设的实施意见》	2015年1月6日
			《贵阳市大数据综合治税推进工作方案》	2015年7月14日
			《贵阳市政府数据交换共享平台推进工作方案》	2015年7月14日
			《关于加快发展大数据产业的实施意见》	2014年5月19日
		云岩区	《云岩区大数据人才培养计划实施方案》	2016年8月17日
		贵阳国家高新区	《贵阳经济技术开发区政务数据一体化工程工作实施方案》	2017年12月21日
			《关于贵阳国家高新区大数据“十百千万”培育工程的实施意见》	2016年11月11日
			《贵阳国家高新区大数据“十百千万”培育工程实施细则》	2016年11月11日
			《贵阳国家高新区促进大数据技术创新十条政策措施（试行）》	2016年5月20日

续表

序号	区域	级别	文件名称	颁布时间
1	贵州	贵阳国家高新区	《贵阳国家高新区加快推进大数据"1+N"产业发展实施意见》	2016年1月8日
			《关于印发贵阳国家高新区大数据产业招商引智十条政策措施的通知(试行)》	2015年8月25日
		贵安新区	《贵安新区大数据港三年会战方案》	2016年11月30日
		铜仁市	《关于印发铜仁市大数据创新应用专项行动实施方案的通知》	2018年4月4日
			《关于印发铜仁市大数据助推农业产业脱贫攻坚三年行动实施方案(2017~2019年)的通知》	2017年10月31日
		毕节市	关于印发《毕节市2018年大数据与实体经济深度融合实施方案》的通知	2018年3月6日
2	福建	福建省	《关于推进实施产业大数据应用示范工程的通知》	2017年10月25日
			《福建省国家税务局关于支持福州市加快大数据产业发展的意见》	2016年12月30日
			《福建省审计厅数据分析团队管理暂行办法》	2016年7月13日
			《福建省促进大数据发展实施方案(2016~2020年)》	2016年6月18日
			《福建省发展改革委省数字办关于数字福建云计算工程实施方案的通知》	2011年1月14日

续表

序号	区域	级别	文件名称	颁布时间
2	福建	厦门市	《厦门市促进大数据发展工作实施方案》	2017年3月2日
			《厦门市大数据应用与产业发展规划（2015～2020年）》	2015年8月10日
		福州市	《关于加快中国东南大数据产业园区发展的若干政策的通知》	2017年12月6日
			《印发关于加快大数据产业发展三条措施》	2017年12月6日
			《关于印发〈福州市健康医疗大数据资源管理实施细则〉的通知》	2017年10月25日
			《关于印发〈福州市健康医疗大数据开放开发实施细则〉的通知》	2017年10月25日
			《关于加快大数据产业发展的三条措施》	2017年2月6日
		南平市	《南平市运用大数据加强对市场主体服务和监管实施方案》	2016年3月16日

续表

序号	区域	级别	文件名称	颁布时间
3	山东	山东省	《关于促进山东省大数据产业加快发展的意见》	2017 年 12 月 4 日
			《山东省人民政府办公厅促进和规范健康医疗大数据应用发展的实施意见》	2017 年 7 月 20 日
			《山东省推进农业大数据运用实施方案(2016～2020 年)》	2016 年 9 月 8 日
			《山东省人民政府办公厅运用大数据加强对市场主体服务和监管的实施意见》	2016 年 11 月 21 日
			《关于促进大数据发展的意见》	2016 年 10 月 25 日
		青岛市	《青岛市人民政府关于促进大数据发展的实施意见》	2017 年 5 月 23 日
		济南市	《济南市健康医疗大数据应用发展行动方案(2017～2020 年)》	2017 年 11 月 24 日
			《济南市运用大数据加强对市场主体服务和监管的实施意见》	2017 年 3 月 23 日
		威海市	《关于促进大数据发展的意见》	2017 年 7 月 6 日
		滨州市	《滨州市人民政府办公室关于促进和规范健康医疗大数据应用发展的实施意见》	2017 年 11 月 27 日
		菏泽市	《关于促进和规范健康医疗大数据应用发展的实施意见》	2018 年 1 月 8 日

续表

序号	区域	级别	文件名称	颁布时间
4	广东	广东	《关于推进健康医疗大数据应用的实施意见》	2018年12月20日
			《广东省政务信息系统整合共享工作方案》	2017年10月30日
			《珠江三角洲国家大数据综合试验区建设实施方案》	2017年4月6日
			《关于促进和规范健康医疗大数据应用发展的实施意见》	2017年2月8日
			《广东省政务服务大数据库建设方案(2016~2017年)》	2016年7月13日
			《广东省促进大数据发展行动计划(2016~2020年)》	2016年4月22日
		广州市	《关于促进大数据发展的实施意见》	2017年1月7日
		深圳市	《深圳市促进大数据发展行动计划(2016~2018年)》	2016年10月25日
			《深圳市推进云计算发展行动计划(2016~2017年)》	2016年5月18日
		中山市	《中山市促进大数据发展行动计划(2016~2020年)》	2016年11月29日

续表

序号	区域	级别	文件名称	颁布时间
5	湖北	湖北省	《湖北省云计算大数据发展“十三五”规划》	2017 年 2 月 7 日
			《湖北省人民政府办公厅关于促进和规范健康医疗大数据应用发展的实施意见》	2016 年 10 月 10 日
			《湖北省大数据发展行动计划(2016 ~ 2020 年)》	2016 年 9 月 7 日
			《关于加快促进云计算创新发展培育信息产业新业态的实施意见》	2016 年 8 月 27 日
			《关于运用大数据加强对市场主体服务和监管的实施意见》	2015 年 12 月 11 日
		湖州市	《湖州市促进大数据发展实施方案》(征求意见稿)	2017 年 9 月 4 日
			《湖州市促进大数据发展实施意见》(征求意见稿)	2017 年 9 月 4 日
		武汉市	《武汉市大数据产业发展行动计划(2014 ~ 2018 年)》	2014 年 7 月 18 日
			《关于加快大数据推广应用促进大数据产业发展的意见》	2014 年 7 月 11 日

续表

序号	区域	级别	文件名称	颁布时间
6	甘肃	甘肃省	《甘肃省政务信息系统整合共享实施方案》	2017年9月30日
			《甘肃省“十三五”信息化发展规划》	2016年8月29日
			《甘肃省运用大数据加强对市场主体服务和监管实施方案》	2015年11月11日
			《关于加快大数据、云平台建设促进信息产业发展的实施方案》	2015年8月19日
			《促进云计算创新发展培育信息产业新业态的实施方案》	2015年3月16日
		兰州市	《关于扶持大数据企业发展的实施意见》	2016年12月6日
			《运用大数据加强对市场主体服务和监管的实施方案》	2016年11月22日
			《关于促进大数据发展的实施意见》	2016年11月18日
7	河北	河北省	《河北省政务信息系统整合共享实施方案》	2017年9月22日
			《河北省人民政府办公厅关于促进和规范健康医疗大数据应用发展的实施意见》	2016年11月7日
			《关于加快发展“大智移云”的指导意见》	2016年3月2日
			《关于促进云计算创新发展培育信息产业新业态的实施意见》	2015年5月28日
		石家庄市	《石家庄市关于加快推进“大智移云”的实施方案》	2017年11月3日
			《推进大数据发展实施意见》	2016年4月21日
		廊坊市	《廊坊大数据产业发展规划纲要》	2016年5月24日

续表

序号	区域	级别	文件名称	颁布时间
8	山西	山西省	《山西省云计算发展三年推进计划（2017～2019）》	2017年9月6日
			《山西省大数据技术发展规划》	2017年3月13日
			《山西省促进大数据发展应用的若干政策》	2017年3月13日
			《关于运用大数据加强对市场主体服务和监管的实施意见》	2015年12月9日
			《关于促进云计算创新发展培育信息产业新业态的实施意见》	2015年8月4日
		阳泉市	《阳泉市运用大数据加强对市场主体服务和监管实施细则》	2016年3月28日
		吕梁市	《关于进一步做好“数谷吕梁·智赢未来”吕梁大数据产业发展工作的通知》	2017年11月21日
			《吕梁市大数据产业发展应用规划（2017～2020年）》	2017年7月15日

续表

序号	区域	级别	文件名称	颁布时间
9	江苏	江苏省	《江苏省大数据发展行动计划》	2016 年 8 月 19 日
			《江苏省云计算与大数据发展行动计划》	2014 年 5 月 19 日
		南京市	《南京市促进大数据发展三年行动计划(2016~2018 年)》	2016 年 1 月 15 日
			《南京市关于加快大数据产业发展的意见》	2013 年 12 月 31 日
		苏州市	《苏州市关于促进大数据应用和产业发展的若干政策意见》	2016 年 12 月 28 日
			《苏州市大数据产业发展规划》	2016 年 12 月 27 日
		镇江市	关于印发《镇江市大数据产业发展战略规划(2015~2020 年)》的通知	2014 年 10 月 21 日
		扬州市	关于印发扬州市大数据资源整合共享开放工作实施方案的通知	2017 年 11 月 17 日
10	浙江	浙江省	《浙江省国家信息经济示范区建设实施方案》	2017 年 4 月 27 日
			《浙江省促进大数据发展实施计划》	2016 年 2 月 18 日
		杭州市	《杭州市数据安全保障体系规划(2018~2020)》	2017 年 12 月 19 日
		台州市	《关于加快大数据产业发展的若干意见》	2017 年 1 月 12 日
			《台州市促进大数据发展实施计划》	2016 年 10 月 27 日
		宁波市	《关于推进大数据发展的实施意见》	2016 年 9 月 26 日

续表

序号	区域	级别	文件名称	颁布时间
11	安徽	安徽省	《安徽省政务信息系统整合共享实施方案》	2017年8月23日
			《安徽省“十三五”软件和大数据产业发展规划》	2017年1月17日
			《安徽省运用大数据加强对市场主体服务和监管实施方案》	2015年10月20日
			《关于促进云计算创新发展培育信息产业新业态的实施意见》	2015年9月14日
			《关于进一步加快推进安徽省政务信息系统整合共享工作的通知》	2018年5月28日
		合肥市	《支持数字经济发展若干政策的通知》	2018年10月23日
			《合肥市大数据企业认定管理办法》	2018年8月29日
		铜陵市	《关于印发促进大数据产业发展若干政策的通知》	2017年10月26日
12	重庆	重庆市	《重庆市政务信息系统整合共享工作方案》	2017年10月9日
			《重庆市大数据行动计划》	2013年7月31日
			《重庆市健康医疗大数据应用发展行动方案(2016~2020年)》	2016年12月16日
			《关于运用大数据加强对市场主体服务和监管的实施意见》	2015年10月16日
			《关于促进云计算创新发展培育信息产业新业态的实施意见》	2015年7月16日
		石柱县	《关于进一步促进大数据发展的实施意见(2016~2018年)》	2016年6月3日

续表

序号	区域	级别	文件名称	颁布时间
13	辽宁	辽宁省	《辽宁省运用大数据加强对市场主体服务和监管的实施方案》	2015年10月19日
			《辽宁省政务信息系统整合共享实施方案》	2017年8月16日
		沈阳市	《关于印发沈阳市国家大数据综合试验区建设三年行动计划(2018～2020年)的通知》	2018年5月20日
			《沈阳市促进大数据发展三年行动计划(2016～2018年)》	2016年2月4日
			《沈阳市促进大数据产业发展若干政策措施》	2016年1月14日
		盘锦市	《关于促进大数据开发应用的若干政策(试行)》	2015年12月17日
14	河南	河南省	《河南省大数据产业发展三年行动计划(2018～2020年)》	2018年5月9日
			《河南省大数据产业发展引导目录(2017年本试行)》	2017年2月17日
			《关于运用大数据加强对市场主体服务和监管的实施意见》	2015年12月29日
			《河南省运用云计算大数据开展综合治税工作实施方案》	2015年12月29日
			《河南省人民政府关于推进云计算大数据开放合作的指导意见》	2015年10月8日
			《河南省推进国家大数据综合试验区建设实施方案》	2017年4月8日
		洛阳市	《关于印发洛阳市支持大数据及电子信息产业发展若干政策的通知》	2018年5月30日
			《关于促进大数据发展的实施意见》	2017年11月7日

续表

序号	区域	级别	文件名称	颁布时间
15	海南	海南省	《海南省政务信息整合共享专项行动实施方案》	2017 年 9 月 30 日
			《海南省促进大数据发展实施方案》	2017 年 3 月 31 日
			《海南省旅游发展委员会关于各市县旅游大数据中心建设的指导意见》	2017 年 3 月 16 日
			《海南省 2017 年促进大数据发展工作要点的通知》	2016 年 11 月 25 日
			《海南省应用大数据加强对市场主体服务和监管实施方案》(征求意见稿)	2015 年 12 月 29 日
16	江西	江西省	《江西省政务信息系统整合共享实施方案》	2017 年 9 月 13 日
			《促进大数据发展实施方案》	2016 年 7 月 25 日
			《关于运用大数据加强对市场主体服务和监管实施方案的通知》	2016 年 7 月 25 日
		赣州市	《关于加快我市大数据发展的实施意见》	2016 年 12 月 21 日
17	上海	上海市	《上海市政务数据资源共享和开放 2017 年度工作计划》	2017 年 8 月 15 日
			《上海市关于促进云计算创新发展培育信息产业新业态的实施意见》	2017 年 1 月 4 日
			《上海市大数据发展实施意见》	2016 年 9 月 15 日
			《上海推进大数据研究与发展三年行动计划(2013 ~ 2015 年)》	2013 年 7 月 12 日

续表

序号	区域	级别	文件名称	颁布时间
18	内蒙古	内蒙古自治区	关于印发《大数据与产业深度融合行动计划(2018～2020年)》的通知	2018年4月29日
			关于印发《内蒙古自治区大数据发展总体规划(2017～2020年)》的通知	2017年12月28日
			《内蒙古自治区促进大数据发展应用的若干政策》	2016年11月4日
			《内蒙古2017年自治区大数据发展工作要点》	2016年6月29日
			《内蒙古自治区云计算产业发展规划(2011～2020年)》	2012年1月19日
		呼和浩特市	《呼和浩特市关于促进大数据发展应用的若干政策》	2016年11月3日
19	广西	广西壮族自治区	《脱贫攻坚大数据平台建设实施方案》	2016年1月12日
		钦州市	《钦州市加快云计算及大数据产业发展实施方案》	2017年6月6日
		柳州市	《柳州市大数据发展规划(2018～2022)》	2017年11月23日
20	陕西	陕西省	《关于印发促进和规范健康医疗大数据应用发展实施方案的通知》	2017年12月19日
			《陕西省大数据与云计算产业示范工程实施方案》	2016年6月17日
			《关于运用大数据加强对市场主体服务和监管的实施意见》	2015年11月28日
		西安市	《西安市大数据产业发展实施方案(2017～2021年)》	2017年8月2日

续表

序号	区域	级别	文件名称	颁布时间
21	青海	青海省	《青海省运用大数据加强对市场主体服务和监管的实施方案》	2016年4月19日
			《关于促进云计算发展培育大数据产业实施意见》	2015年8月10日
		海北自治州	《海北州运用大数据加强对市场主体服务和监管实施方案》	2016年7月26日
22	吉林	吉林省	《关于运用大数据加强对市场主体服务和监管的实施意见》	2016年5月25日
			《关于促进吉林省云计算创新发展培育信息产业新业态的实施意见》	2015年6月3日
23	四川	四川省	《关于促进和规范健康医疗大数据应用发展的实施意见》	2016年12月2日
		成都市	《成都市促进大数据产业发展专项政策》	2017年9月6日
24	宁夏	宁夏回族自治区	《关于运用大数据开展综合治税工作实施方案》	2016年8月30日
			《关于进一步加快云计算产业发展的若干意见》	2015年10月26日
25	天津	天津市	《关于促进和规范健康医疗大数据应用发展的实施方案》	2017年10月9日
			《天津市促进大数据发展应用条例》	2018年12月14日
26	新疆	新疆维吾尔自治区	《关于运用大数据加强对市场主体服务和监管实施方案》	2016年10月27日
			《关于印发自治区大力发展软件和信息服务业促进大数据与云计算应用若干政策的通知》	2017年10月21日

续表

序号	区域	级别	文件名称	颁布时间
27	云南	云南省	《关于促进和规范健康医疗大数据应用发展的实施意见》	2016年10月26日
28	黑龙江	哈尔滨市	《哈尔滨市促进大数据发展若干政策(试行)》	2016年8月15日
29	北京	北京市	《北京市大数据和云计算发展行动计划(2016~2020年)》	2016年8月3日

四、大数据司法实践现状

党的十八大以来，我国司法系统着力于推动信息化、数字化、网络化建设，取得了显著成效。自2016年起，随着《国家信息化发展战略纲要》和《“十三五”国家信息化规划》的印发，“智慧法院”“智慧检务”的建设工作已被纳入了国家信息化发展战略。2018年1月9日科技部发布国家重点研发计划（司法专题任务），投入4.5亿元的经费用于法、检、司的科技问题研究。可见，司法工作的智慧化、科技化建设已成为我国司法系统发展的必然趋势。

在此背景之下，大数据技术的发展与应用对我国司法实践的影响体现在以下两个方面：一方面，司法智慧化、数据化和信息化的实现，需要建立在数据资源充分汇集和数据分析技术不断进步的基础之上；另一方面，前沿科学的迅速发展也有可能会颠覆传统司法的固有属性和经典范式。如何转变司法理念，将法学知识与科技手段相融合，也对当下我国的司法实践提出了挑战。如何借助司法大数据突破当下司法实践中的困难，推进司法改革，提升司法水平，是当前大数据司法所面临的重大课题。

（一）司法解释评述

自2017年10月至今，我国新发布的有关数据及信息的司法解释仅一部，即最高人民法院《关于互联网法院审理案件若干问题的规定》(以下简称《规定》)。此司法解释虽然仅就互联网法院的部分案件审理工作进行了规定,但却体现出了我国司法系统朝向智慧化、数字化发展的趋势。该司法解释中关于取证、举证、电子证据真实性验证以及电子卷宗等的规定,不仅对于互联网法院的案件审理具有指导作用,更是指明了普通司法机构在数字信息时代的工作优化方向。

[条文]

第五条　互联网法院应当建设互联网诉讼平台(以下简称诉讼平台),作为法院办理案件和当事人及其他诉讼参与人实施诉讼行为的专用平台。通过诉讼平台作出的诉讼行为,具有法律效力。

互联网法院审理案件所需涉案数据,电子商务平台经营者、网络服务提供商、相关国家机关应当提供,并有序接入诉讼平台,由互联网法院在线核实、实时固定、安全管理。诉讼平台对涉案数据的存储和使用,应当符合《中华人民共和国网络安全法》等法律法规的规定。

[评述]

《规定》第5条明确了互联网法院应当建设互联网诉讼平台,作为当事人开展在线诉讼活动和法官在线办理案件的专用平台。根据设立互联网法院方案的要求,诉讼平台应当做到系统安全、技术中立,能够与电子商务平台经营者、网络服务提供商、相关国家机关对接,保障涉案数据有序接入、安全管理,方便互联网法院在线核实信息、提取证据。

互联网法院审理案件所需涉案数据,电子商务平台经营者、网络服务提供商、相关国家机关应当提供。这里的"涉案数据"是指互联网法院在具体案件审理过程中依职权主动调取或依当事人申请调取的涉案电子证据、身份信息以及其他关联信息。数据的调取、接入应当符合法定条件和范围,严格遵循法定程序。

这一规定利用了互联网法院的技术特点和技术优势,通过直接接入电子商务平台、网络服务提供商甚至相关国家机关获取相关数据和信息的方式,突破了传统举证模式,解决了过去互联网领域相关诉讼中证据难以取得、数据信息难以核实的困境,实现了诉讼证据从当事人自行收集向"电商平台一键式引入"的转变,实现了涉网矛盾纠纷化解网上数据一体化处理。尽管这一规定目前仅适用于互联网法院的案件办理工作中,但对于解决涉网矛盾纠纷中难于获取证据的困境，具有一定的实践探索作用。在未来的司法实践中，能否通过中间平台对涉案数据信息进行调取，实现网络交易、互联网服务购买中个人用户与平台运营者之间证据调取能力的对等，可以通过该条的实际适用效果加以验证。

[条文]

第九条　互联网法院组织在线证据交换的，当事人应当将在线电子数据上传、导入诉讼平台，或者将线下证据通过扫描、翻拍、转录等方式进行电子化处理后上传至诉讼平台进行举证，也可以运用已经导入诉讼平台的电子数据证明自己的主张。

[评述]

《规定》第9条明确了线上、线下两类证据的具体举证方式。对于线下证据，当事人可以通过扫描、翻拍、转录等方式转化为电子数据后上传至诉讼平台。对于线上证据，具体可分为两种情况：一是当事人自己占有的在线电子证据，可以通过提供链接、上传资料等方式导入诉讼平台。二是互联网法院可以从电子商务平台经营者、网络服务提供商、电子取证存证平台获取相关案件的结构化信息，并导入诉讼平台，例如，电子商务平台存储的网络购物纠纷中买卖双方主体身份、购买时间、购买物品等信息。对于这类信息，互联网法院可以直接向双方当事人提供，供其选择证明自己的主张。

互联网法院对类型化案件基本信息的结构化导入，不违背“谁主张，谁举证”的诉讼原则。互联网法院的一大优势，在于能够通过技术手段完成数据信息的迁移和可视化呈现，为当事人举证提供便利，有效解决电子证据取证困难、举证不能、认证不足等问题。当事人对结构化导入以外的证据仍应当主动提供或者申请法院调取，对自身提出的主张负有举证责任。

[条文]

第十一条　当事人对电子数据真实性提出异议的，互联网法院应当结合质证情况，审查判断电子数据生成、收集、存储、传输过程的真实性，并着重审查以下内容：

（一）电子数据生成、收集、存储、传输所依赖的计算机系统等硬件、软件环境是否安全、可靠；

(二)电子数据的生成主体和时间是否明确,表现内容是否清晰、客观、准确;

(三)电子数据的存储、保管介质是否明确,保管方式和手段是否妥当;

(四)电子数据提取和固定的主体、工具和方式是否可靠,提取过程是否可以重现;

(五)电子数据的内容是否存在增加、删除、修改及不完整等情形;

(六)电子数据是否可以通过特定形式得到验证。

当事人提交的电子数据,通过电子签名、可信时间戳、哈希值校验、区块链等证据收集、固定和防篡改的技术手段或者通过电子取证存证平台认证,能够证明其真实性的,互联网法院应当确认。

当事人可以申请具有专门知识的人就电子数据技术问题提出意见。互联网法院可以根据当事人申请或者依职权,委托鉴定电子数据的真实性或者调取其他相关证据进行核对。

[评述]

目前,对电子数据真实性的审查判断主要依靠公证程序,且基本为形式审查,程序复杂烦琐,证明力不强。互联网法院案件在线审理和大量证据在线的特征,客观上要求打破通过公证程序认定真实性的单一途径,通过技术手段和相关配套机制对电子数据真实性作实质性认定。

基于以上考虑,《规定》第 11 条明确了电子证据真实性的认定规则。一是在认定对象上,涵盖对电子证据生成、收集、存储、传输等各环节真实性的认定;二是在审查内容上,强调对电子数据生成平台、存储介质、保管方式、提取主体、传输过程、验证形式等方面进行审查;三是在认定方式上,鼓励和引导当事人通过电子签名、可信时间戳、哈希值校验、区块链等技术手段,以及通过取证存证平台等对证据进行固定、留存、收集和提取,弥补仅依靠公证程序认定电子证据的不足,提升了电子数据的证据效力。

该规定再次确认了电子合同的法律效力。以众签电子合同服务为例,众签电子合同服务全流程采用了电子签名、可信时间戳、哈希值校验、区块链存证等一系列证据收集、固定和防篡改的技术手段,根据该规定,只要是使用众签电子合同服务形成的证据,互联网法院均应当认定。在此之前,虽然合同法、电子签名法等法律规定多次从立法角度对电子合同的法律效力进行了正面评价，但该规定以更为直接的表述，给予了电子合同更为清晰的“效力背书”。

此外，该规定对区块链存证在证据认定环节的作用进行了认可。在该规定颁布之前，杭州互联网法院已就区块链存证第一案作出了判决，对使用区块链存证技术形成的证据予以了认可。但是该判决整体仍较为保守，仅将区块链存证的证据参照普通证据的标准进行认定，并未将区块链存证技术所具备的便于证据收集、固定及防篡改的特性在证据认定时纳入考量因素。在该规定中，明确将区块链技术列为可信赖的证据收集、固定和防篡改的技术手段之一，凸显了区块链技术在促使证据被互联网法院认可过程中的重要性。

[条文]

第二十一条　互联网法院应当利用诉讼平台随案同步生成电子卷宗，形成电子档案。案件纸质档案已经全部转化为电子档案的，可以以电子档案代替纸质档案进行上诉移送和案卷归档。

[评述]

该条规定旨在实现电子案卷的智能生成与流转。互联网法院充分运用信息技术优势，在调解、庭审等多个诉讼环节利用语音识别技术同步生成电子笔录，方便当事人在线核对确认。互联网法院还可以利用统一诉讼平台，随案同步生成电子卷宗，在诉讼服务、审判管理和智能辅助办案等领域深度开发应用。卷宗以电子档案形式进行归档存储和上诉移转，真正实现了“无纸化”审判，进一步提升了互联网法院审判工作的自动化、智能化水平。

随着互联网的进一步普及，数字化、信息化程度的进一步加深，未来的司法审判工作中，电子卷宗、电子档案的生成要求将不仅适用于互联网法院，还将逐渐适用于所有实体法院乃至整个司法系统。审判过程中所涉及的各类文书、证据等文件，都将逐步向信息化、电子化的方向演变，此种演变是数据技术发展的必然产物，同时也将转化为司法系统的数据资源，在经过科学分析和处理后，为司法实践工作提供参考和指导。

表 4-1　与数据、信息相关的司法解释汇总(2018 年 12 月前发布)①

序号	发布部门	名称	发布日期	相关条款
1	最高人民法院	《关于互联网法院审理案件若干问题的规定》	2018 年 9 月 6 日	第 5 条、第 9 条、第 11 条、第 21 条
2	最高人民法院、最高人民检察院	《关于办理侵犯公民个人信息刑事案件适用法律若干问题的解释》	2017 年 5 月 8 日	第 2 条、第 3 条、第 4 条、第 5 条、第 6 条
3	最高人民法院、最高人民检察院、公安部	《关于办理刑事案件收集提取和审查判断电子数据若干问题的规定》	2016 年 9 月 9 日	第 1 条、第 3 条、第 5 条、第 8 条、第 9 条、第 10 条、第 11 条、第 12 条、第 16 条、第 22 条
4	最高人民法院	《关于审理利用信息网络侵害人身权益民事纠纷案件适用法律若干问题的规定》	2014 年 8 月 21 日	第 12 条、第 13 条
5	最高人民法院	《关于适用〈中华人民共和国刑事诉讼法〉的解释》	2012 年 12 月 20 日	第 93 条、第 94 条
6	最高人民法院	《关于民事诉讼证据的若干规定》	2001 年 12 月 21 日	第 2 条

(二)国内经典案例评述

司法体系的完善和构建,是一个长期、渐进的积累过程,在数据技术快速发展演变、冲击着现有法律体系和司法规则的当下,典型案例对司法实践的指

① 本部分数据及信息统计时间截至 2019 年 2 月 20 日,数据主要来源为"法律法规数据库"及"北大法宝"等数据库,检索方式为关键词检索,检索内容为名称中包含"信息""数据"等关键词的文件。我们已尽力实现相关信息的真实性、完整性和全面性,但并不对其准确性做出任何明示或隐含的保证。

导和研究价值就显得尤为重要。经典案例的总结和梳理不但能够对之后司法实践中的相似案件提供参考,还能够反映出这一时期大数据司法实践所面临的主要困境和问题。此部分所选取的案例为2017年10月至今较具代表性的司法案例,其中部分案件在理论和司法实践领域较具争议性,部分案件则较具代表性,能够反映当前我国数据保护领域面临的主要挑战。

1. 不正当竞争——淘宝(中国)软件有限公司诉安徽美景信息科技有限公司案

[**案情简述**]

"生意参谋"是由淘宝公司独立开发和运营的零售电商数据产品,用于向淘宝商家提供数据化的商业参考。"生意参谋"的内容是基于对淘宝用户浏览、搜索、收藏、交易等活动留下的信息进行加工处理,从而形成具有衍生性质的数据产品。安徽美景公司涉嫌引诱已订购"生意参谋"的淘宝用户下载其产品分享、共用子账户,并在平台上出租"生意参谋"产品子账户以获取佣金。与此同时,美景公司还组织自己的平台用户租用"生意参谋"子账户,为其通过远程登录"出租者"电脑等方式使用"出租者"子账户查看"生意参谋"产品数据内容提供帮助,并从中牟利。

淘宝公司向杭州互联网法院提起诉讼,认为美景公司的行为对"生意参谋"已构成了实质性替代,直接导致后者的订购量和销售额减少,极大损害了淘宝公司的经济利益。与此同时,美景公司的行为恶意破坏了淘宝公司的商业模式,严重骚扰了大数据行业的竞争秩序,构成了不正当竞争行为。

被告美景公司辩称,淘宝的"生意参谋"中原始数据的获取并未经得用户同意,侵犯了用户的财产权、个人隐私和商户的经营秘密,具有违法性。此外,"数据参谋"系淘宝公司利用其数据垄断优势所开发的数据衍生产品,是利用自己对平台数据的控制使原始数据的拥有者被迫购买由自己的数据所衍生的产品,具有不正当性。且美景公司认为自己与淘宝并不属同一市场行业,不属于竞争关系,故而淘宝公司无权依据反不正当竞争法予以起诉。

[**判决结果**]

2018年8月16日杭州互联网法院对该案作出一审判决。

法院根据我国《反不正当竞争法》第2条、第17条,我国《网络安全法》第

22 条第 3 款、第 41 条、第 42 条、第 76 条,最高人民法院《关于审理反不正当竞争民事案件应用法律若干问题的解释》第 17 条,我国《民事诉讼法》第 64 条第 1 款的规定,作出如下判决:(1)被告安徽美景信息科技有限公司于判决生效之日起立即停止涉案不正当竞争行为;(2)被告安徽美景信息科技有限公司赔偿原告淘宝(中国)软件有限公司经济损失及其制止不正当竞争行为所支付的合理费用共计 200 万元;(3)驳回原告淘宝(中国)软件有限公司的其他诉讼请求。

[要点评述]

此案中的争议点主要有 3 个:第一,淘宝公司对用户信息的收集和使用行为是否具有正当性;第二,淘宝公司是否享有"生意参谋"这一数据产品的法定权益;第三,被告美景公司的行为是否构成不正当竞争。

针对第一点,法院认为,淘宝公司对网络用户的信息收集行为系在对用户作出了明示并获取其同意的前提下进行的,且信息收集遵守了最小化义务,该行为符合淘宝公司向用户公布的《法律声明及隐私权政策》的规定,亦不违反《中华人民共和国网络安全法》中信息收集的相关要求,因此淘宝公司对于网络用户的信息收集行为具有合法性和必要性。

针对第二点,法院认为,"生意参谋"是淘宝付出了人力、物力、财力,经过长期经营积累而形成的数据产品,该产品能为淘宝公司带来可观的商业利益与市场竞争优势,因此淘宝公司对该产品享有竞争性财产权益,对于侵犯其权益的不正当竞争行为有权提起诉讼。但是,基于物权法定原则,法院并未认定淘宝对数据产品享有财产权利。

针对第三点,法院认为,美景公司与淘宝公司争取吸引的用户群体具有高度重合性,存在此消彼长的或然性对应关系,故二者存在直接竞争关系。同时,美景公司未付出劳动创造,将涉案数据产品直接作为获取商业利益的工具,此种据他人劳动成果为己牟利的行为,明显有悖公认的商业道德,属于不劳而获"搭便车"的不正当竞争行为。

在本案中,法院首次阐明了数据产品获益的合法性,厘清了用户信息、原始数据技术就产品的法律属性及权利边界,认为涉案数据产品系淘宝公司付出了人力、物力、财力,经过长期经营积累形成的,因而可以依法获取利益。

但是基于物权法定及我国个人信息立法尚在探索阶段,法院最终未能赋予淘宝公司数据财产权利,而是以反不正当竞争法为依据,保障了企业对数据产品的比较优势地位。此案反映出了我国数据市场的发展现状及我国数据权利保护的法律困境。大数据时代,信息和数据已成为网络服务者积极争取的重要资本。通过对用户数据、信息进行收集、分析、加工而形成的数据产品,不仅可以为用户提供更具个性化、便捷性的服务,还能够提高网络平台的用户黏性,提高其市场占有率。因此,数据产品成为蕴含极高经济价值、可以带来巨大竞争优势的无形资产。利用数据产品提升用户体验、实现精准营销的商业模式,早已被广泛采用。遗憾的是,在当前的个人信息保护框架下,企业对数据产品无法享有独立的财产性权利。

2. 不正当竞争——北京搜狗信息服务有限公司与北京百度网讯科技有限公司不正当竞争纠纷

[**案情简述**]

百度公司是百度网(www. baidu. com)的经营者,百度搜索引擎在中文互联网市场中享有较高的知名度和良好的声誉。搜狗公司是搜狗输入法的开发者,且经营搜狗搜索引擎网站(www. sougou. com)。百度公司与搜狗公司之间存在竞争关系。百度公司发现搜狗公司利用其搜狗输入法客户端软件针对百度公司实施了不正当竞争行为,主要表现在:上网用户在安装搜狗输入法客户端软件后,在百度搜索引擎的搜索框中使用搜狗输入法输入关键词,在搜索栏下方会自动弹出与搜索关键词相关词汇的下拉菜单,下拉菜单覆盖和隐藏了百度搜索引擎的下拉菜单,点击下拉菜单中的任何词语都会自动跳转到搜狗公司经营的搜狗搜索结果页面。百度公司就上述行为向搜狗公司发送了律师函,但上述行为仍在继续。百度公司认为,搜狗公司的上述行为,故意仿冒、混淆搜索框和搜索结果,“搭便车”以劫持百度公司流量,对百度搜索引擎具有针对性,构成不正当竞争。

经查,该下拉菜单系搜狗输入法搜索候选功能的体现,安装时,“开启搜索候选”属于默认勾选,但可以手动取消。与百度搜索引擎的下拉菜单不同,搜狗输入法的下拉菜单仅出现在词语上屏之前,即用户将关键词键入空白搜索框之前。当关键词被用户键入空白搜索框之后,则上图中所示搜狗公司的下拉菜单页面消失,代之出现的是百度搜索引擎的下拉菜单。

> 搜狗输入法并非针对任何搜索引擎均提供上述下拉菜单服务。现有证据可以看出,在YAHOO、360、搜搜3个搜索引擎上使用搜狗输入法时并无下拉菜单服务。但在中搜(zhongsou. com)、有道搜索(youdao. com)等搜索环境及导航网站(daohang. qq. com、cn. msn. com)的环境中则有该服务。搜狗输入法亦并非在任何使用环境中均提供下拉菜单服务,现有证据可以看出,在Word、Excel、PowerPoint使用环境下搜狗输入法并不提供上述服务。此外,并非全部输入法均提供下拉菜单服务,智能ABC输入法、QQ拼音输入法并不提供下拉菜单服务,而谷歌输入法、百度输入法、必应输入法则提供该服务,只是展现方式、展现时间及指向的搜索引擎与搜狗输入法有所不同。

[判决结果]

一审法院认定,本案中搜狗输入法就搜索环境中是否展现搜索候选,对百度搜索采取了有针对性的区别歧视对待,以达到争夺、分流市场占有率较高的百度搜索市场的目的,构成不正当竞争。依照我国《反不正当竞争法》第2条、第20条之规定,判决:(1)搜狗公司立即停止涉案不正当竞争行为;(2)搜狗公司在搜狗网(网址为http://www. sogou. com)首页连续24小时刊登声明,就本案不正当竞争行为为百度公司消除影响;(3)搜狗公司向百度公司赔偿经济损失及合理开支共计50万元;(4)驳回百度公司的其他诉讼请求。

后搜狗公司提起上诉,被二审法院驳回,维持一审判决。

[要点评述]

本案中,由被诉行为的表现方式可见,搜狗输入法仅是在最下一行使用并不显著的颜色及字体标注了"由搜狗搜索提供",除此之外并无其他提示。在百度搜索引擎亦提供下拉提示词服务,而被诉下拉菜单所处位置与通常的百度搜索引擎下拉菜单所处位置并无差别的情况下,上述标注不足以使用户注意到其所使用的下拉提示词由搜狗搜索引擎,而非百度搜索引擎提供。此外,因搜狗公司的下拉菜单依托于搜狗输入法,因此,其下拉菜单出现在关键词键入到空白搜索框之前,即关键词上屏之前,而百度下拉菜单仅可能出现在上屏之后,上述时间差的存在使虽然百度下拉菜单并未被实际覆盖,但因相当比例的用户会使用被诉行为中所显示的下拉菜单,故对于这部分用户而言,百度搜索引擎的下拉菜单已不会出现在用户的搜索界面上,上述情形的存在更易使用户误认为其使用的是百度下拉菜单服务,从而在不知情的情况下使用了搜狗搜索引擎。综上可知,本案中所存在的劫持流量后果系源于被诉行为所造成的用户混淆,而非用户主动选择,被诉行为与流量流失的后果具有直接关系。

在此案中,百度起诉搜狗通过技术手段仿冒、混淆搜索框和搜索结果,搭便车以劫持百度公司流量。表面上看,这是一起不正当竞争侵权纠纷案件,但从双方争议的对象来看,实际上是借由搜索引擎的市场应用开展对于数据信息的争夺。应注意的是,二审法院在判决书中明确指出,在互联网环境下,用户量与企业利益具有直接关系,因此,认定被诉行为所造成的百度公司流量损失,即为该行为的损害后果。且在确认赔偿数额时就流量对于互联网行业的重要性这一因素进行了考量。

从广义来看,数据产品可以发挥数据价值去辅助用户做出更有决策的产品。依照此概念,搜索引擎、个性化推荐引擎亦属于数据产品的范畴,只是因此领域的技术已发展较为成熟、应用较为广泛而为人们所忽略。在搜索引擎经营者的市场活动中,企业除了通过广告投放和推荐排名等方式获利,还可以通过用户的搜索活动获取数据和信息,收集到更多的数据资源。

3. 破坏计算机信息系统罪——山西省临汾市环境监测数据造假案

[案情简述]

2018 年 3 月 28 日中国环境监测总站向生态环境部报告,在监测数据审核时,发现山西省临汾市部分空气质量自动监测站数据异常。根据问题线索,生态环境部第一时间派出工作组赴临汾开展飞行检查。

经调查,2017 年 4 月至 2018 年 3 月,在临汾市环保局原局长张甲的授意下,临汾市环保局办公室原负责人张乙和环境监测站原聘用人员张丙指挥多名作案者在夜间潜入临汾市多个国控站点,通过堵塞采样头、向监测设备洒水等方式,对全市 6 个国控空气自动监测站实施干扰近百次,导致监测数据 53 次严重失真。调查事实清楚、证据确凿之后,生态环境部依法移交公安部。4 月 11 日公安部将证据移交山西省公安部门。山西省公安机关迅速组织警力侦破,抓获 16 名犯罪嫌疑人,依法移送起诉。

[判决结果]

2018 年 5 月 30 日山西晋中市榆次区人民法院依法审理以“破坏计算机信息系统罪”对涉案的 16 人作出判决:临汾市环保局原局长张甲被判处有期徒刑 2 年,临汾市环保局办公室原负责人张乙、环境监测站原聘用人员张丙分别被判处有期徒刑 1 年。其他 13 名均为从犯,其中原河北先河科技环保股份有限公司员工崔某某、张丁分别被判处有期徒刑 8 个月和 6 个月,其余人员被处以拘役 4 ~ 6 个月,缓刑 8 个月至 1 年不等。

[**要点评述**]

环境监测有“环境管理的耳目”之称。2015 年修改后的《环境保护法》开始施行,同年,《环境监测数据弄虚作假行为判定及处理办法》印发,这些都对环境监测数据造假提出了更为严厉、明确的处罚措施,也为打击环境监测数据弄虚作假行为提供了判定依据。但是,掩盖超标排放等问题,环境数据造假一直被视为业内的“潜规则”,问题依然层出不穷。

环境监测数据是客观评价环境质量状况、反映污染治理成效、实施环境管理与决策的基本依据,是推进生态文明建设和生态环境保护的重要支撑。为此,生态环境部将持续加大环境监测数据质量管理和监督检查力度,严厉惩处弄虚作假行为,不断强化监测数据弄虚作假防范和惩治机制,坚决防范和打击对环境监测的不当干预。对环境监测不当干预和弄虚作假的,坚持“零容忍”,发现一起、严肃查处一起,除依法给予行政处罚外,构成犯罪的,坚决依法移交司法机关追究刑事责任。

4. 侵犯公民个人信息罪——绍兴黑灰团伙数据盗窃案

[**案情简述**]

该犯罪团伙依托北京一家以新媒体营销为主业的上市公司,通过与全国 10 余省市多家运营商签订营销广告系统服务合同,非法从运营商流量池中获取用户数据。经调查,运营商流量遭劫持,接连导致百度、腾讯、阿里、今日头条等全国 96 家互联网公司用户数据被窃取,也就是说,几乎国内所有的大型互联网企业均被“雁过拔毛”。为了劫持运营商流量,在明知不合法的情况下,瑞智华胜公司的实际控制人刑某及其犯罪团伙将自主编写的恶意程序放在运营商内部的服务器上,当用户的流量经过运营商的服务器时,该程序就自动工作,从中清洗、采集出用户 cookie、访问记录等关键数据,再通过恶意程序将所有数据导出,存放在了瑞智华胜境内外的多个服务器上。

这意味着,用户在网上的搜索记录、出行记录、开房记录、交易记录等信息,均被窃取用户信息的犯罪团伙掌握;更危险的是,该犯罪团伙为逃避监管追查,还将部分数据存储于日本服务器上。

> 警方统计的数据显示，该犯罪团伙窃取的公民数据已超过30亿条。犯罪分子利用非法窃取的30亿条用户数据，操控用户账号进行微博、微信、QQ、抖音等社交平台的加粉、刷量、加群、违规推广，非法获利，旗下一家公司1年营收就超过3000万元。

［判决结果］

目前，该团伙中6名犯罪嫌疑人已被抓，该案还在进一步侦查中。

［要点评述］

尽管此案还未进入司法程序，但其背后所反映的是近年来侵犯公民个人信息案件的高发态势。2017年3月公安部开展打击整治黑客攻击破坏和网络侵犯公民个人信息犯罪专项行动，仅4个月时间就侦破相关案件1800余起，抓获犯罪嫌疑人4800余名，查获各类公民个人信息500余亿条。不少业内人士指出，黑灰产团伙或黑数据平台是当前用户数据泄露的主要原因，他们盗取数据和使用数据都是无底线的，并且在非法获取数据后，并没有保护数据的能力。

警方通过数据反查发现，刑某的公司在与全国多个省市的运营商签订营销广告合作协议后，运营商均未对具体项目进行必要的约束、监督，才会让邢某等人利用研发、维护合作项目之名，在运营商服务器上安插恶意采集程序，非法获取用户流量。

黑产公司利用从运营商数据中清洗出的用户cookie、访问记录等关键数据，便能非法进入用户账户，进而获取百度、腾讯、阿里、今日头条等全国96家互联网公司的用户数据，国内大型互联网企业无一幸免。

5. 侵犯公民个人信息罪——杜某、冯某等侵犯公民个人信息案

［案情简述］

> 2015年下半年以来，被告人杜某等19人为谋取非法利益，利用微信、QQ等软件平台，出售、提供、非法获取包含顺丰快递单号、面单（包含顺丰快递单号、地址、电话号码的图片）等公民个人信息。2016年12月6日，公安机关在杜某QQ邮箱中查获52封邮件，内含19,965条公民个人信息。经对杜某微信账单进行统计，杜某出售公民个人信息违法所得为16万余元。而此案最终查获涉嫌被泄露的公民个人信息达千万余条，涉及金额高达200余万元，同时查获涉及全国20多个省市的非法买卖公民个人信息网络群。

[判决结果]

2018年4月24日荆州市中级人民法院对该案作出了终审判决,19名相关人员被判处侵犯公民个人信息罪,分别处以有期徒刑10个月到3年不等。

[要点评述]

此案中的19名涉案人员中,有11人为顺丰员工,包括顺丰在河北、石家庄、内蒙古、湖北等地的工作人员,涉案人员有快递员、仓管员、市场专员、安保部副经理、片区负责人等。国家邮政局的数据显示,2017年全国快递业务量完成了400.6亿件。也就是说,平均每人每年要收发30个快递。在快递业高速发展的同时,不少用户都遇到了各种各样的问题,如在庞大的数据量面前,隐私保护就是其中重要一项内容。

目前,多家物流企业纷纷推出"隐私面单"。在这种面单上,消费者的信息包括姓名、电话等通过技术处理,不直接显示在快递面单上,只允许派件员查看。一些更加先进的技术还会将用户手机号码加密处理,派件员也只能通过APP直接进行拨打,无法看到号码。这样,用户的隐私保护力度被有效提升了。不过,对于电商卖家来说,隐私面单也是额外的一项支出,部分快递企业及电商卖家不愿意为此进行投入,所以隐私面单在推动上依旧存在不小的阻力。

并且,"隐私面单"仅仅是防止信息泄露的第一把锁,以往出现的大规模用户信息泄露事件中,真正的源头,往往不在末端的快递员配送环节,而在企业本身,如内部人员盗卖数据或者数据库被"黑"等,隐私面单仅仅是保护用户信息的"第一把锁"。因此,快递企业自身的安全管控是否严格,及法律意识的建立,要比单纯从配送环节入手有效得多。

此案所反映的另外一个问题是,随着企业、商家认识到数据资源的价值,公民的数据泄露的渠道之多也令人防不胜防。除了此案所涉及的快递行业,各类网络平台自不必说,线下的汽车4S店、超市,甚至银行、医院、政府部门都有可能成为公民数据泄露的渠道,而其中很大比例的信息泄露是来自内部工作人员的"监守自盗"。可以说,公民的个人信息保护和数据安全正在面临着极大的威胁,并且由于泄露途径过于广泛,即便数据个体试图维权也都难以找到泄露其个人信息的对象。

6. 非法获取计算机信息系统数据——淦某某、于某某等非法获取计算机信息系统案

［案情简述］

2017年3月31日至4月6日，被告人于某某伙同被告人淦某某多次利用黑客手段入侵全国多家网络充值平台，使用获取的账号和密码盗窃平台内手机话费及Q币等财物。经阜新市价格认证中心认定，被盗Q币20,978个价值人民币20,056.06元。颜某某、郭某、徐某某在明知该话费为犯罪所得的情况下，仍以明显低于市场价格进行收购，后通过手机缴费系统流入市场，从中获取差额利润。王某某在明知淦某某涉嫌违法犯罪的情况下，帮其接收、转移销售赃款。被告人于某某、淦某某涉案数额为人民币101,923.06元，被告人颜某某、郭某涉案数额为人民币73,000元，被告人徐某某涉案数额为人民币40,100元，被告人王某某涉案数额为人民币24,010元。

［判决结果］

法院判决认为，被告人淦某某、于某某违反国家规定，采用技术手段共同侵入国家事务、国防建设、尖端科学技术领域以外的计算机信息系统，获取该计算机信息系统中的数据，情节特别严重，其行为均已构成非法获取计算机信息系统数据罪。被告人颜某某、郭某、徐某某明知是犯罪所得而予以收购，被告人王某某明知是犯罪所得而予以转移，其行为均已构成掩饰、隐瞒犯罪所得罪。被告人淦某某、于某某属共同犯罪。

［要点评述］

此案涉及非法获取虚拟财产行为。尽管两审判决对于"非法获取计算机信息系统数据罪"的罪名认定并无异议，但在司法实践中，关于盗窃网络虚拟财产的行为定性问题，却存在不同的观点，由此也产生了司法裁判尺度不统一、同案不同判的问题。

当前，司法实践中对盗窃网络虚拟财产的行为在定性方面大致存在以下三种思路：

第一，以盗窃罪定罪处罚。持该观点者认为，网络虚拟财产具有使用价值，甚至具有交换价值，具备刑法上的财物的本质要素，司法实践已经将虚拟财产作为刑法上的财物对待。我国《刑法》中的财物不仅包含有体物与无体物，而且包括了财产性利益，已经突破了"财物"的字面含义。在此意义上说，

将虚拟财产作为刑法上的财物,也是可能的。将虚拟财产解释为刑法上的财物,不会侵犯国民的预测可能性,没有违反罪刑法定原则。司法实践中将盗窃网络虚拟财产的行为认定为盗窃罪也较为常见,如被《最高人民法院公报》所采用的孟某、何某某盗窃案。被告人孟某与何某某侵入茂立公司在线充值系统,窃取该公司代理的腾讯在线Q币和游戏点卡并在网上低价出售。上海市黄浦区人民法院认为Q币和游戏点卡虽然是虚拟财产,但与现实生活中的财产对应,需要付出一定的真实货币才能拥有,一旦失窃就意味着丧失了对这些财产的所有权利,故应以盗窃罪定罪处罚。

第二,以侵犯通讯自由罪定罪处罚。持该观点者认为,QQ号申请时是免费的,现行的法律法规及司法解释并未将QQ号纳入刑法保护的财产范围,QQ号不具有法律上财产的属性。盗窃QQ号的行为切断了QQ号所有者与他人的联系,侵犯了他人通信自由,构成侵犯通信自由罪。典型案如曾某、杨某侵犯通信自由案。在该案中,曾某和杨某某通过更改他人QQ号密码从而窃取他人注册的QQ号,然后将QQ号出售,被深圳市南山区人民法院以侵犯通信自由罪定罪处刑。

第三,以非法获取计算机信息系统数据罪定罪处罚。持该观点者认为,网络虚拟财产不具有盗窃罪构成要件中财物的属性,其本质上是一种电磁记录,现行法律及司法解释并未将网络虚拟财产纳入刑法中财产的范畴,将网络虚拟财产解释为刑法意义上的财产属于不当扩大解释,违反了罪刑法定原则。盗窃网络虚拟财产实际上是一种非法获取计算机信息系统数据的行为,应当认定为非法获取计算机信息系统数据罪。典型案如赵某非法获取计算机信息系统数据案。赵某购买木马程序后窃取"魔兽世界""冒险岛"等游戏内玩家装备,被南京市下关区人民法院以非法获取计算机信息系统数据罪定罪处罚。

上述对同一种行为的不同定性,一方面,源于网络虚拟财产是一个新生事物,社会的发展对立法和司法提出了新的挑战;另一方面,源于法律及司法解释的规范空白。法官基于不同的视角对抽象的法律规定作出具体的法律解释,从而得出不同的结论。

7. 盗窃罪——黄某某盗窃比特币案

[案情简述]

> 2017 年 7 月被告人黄某某帮助居住在武汉市汉阳区阳光城 A8018 室的被害人刘某在网上投资比特币,从而掌握了其比特币钱包的账号和密码。2017 年 12 月 21 日 11 时许,被告人黄某某在武汉市硚口区一网吧内,使用上述账号和密码,从刘某的比特币钱包中盗取 0.22 个比特币转入自己账户。销赃后获赃款人民币 24,000 元。赃款已被其挥霍。

[判决结果]

一审法院判决被告人黄某某犯盗窃罪,判处有期徒刑 1 年 3 个月,并处罚金人民币 3000 元。二审法院维持原判。

[要点评述]

此案事情清楚简单,被告的行为与案例 6 淦某某、于某某非法获取计算机信息系统案中的被告行为实质上都属于非法窃取虚拟财产,但法院的判决结果却截然不同。在这起案例中,原一审判决和二审判决中并未对比特币的性质进行详细论述,但是其判决结果从侧面表明了两审法院都认可比特币的"财物"属性,比特币是刑法盗窃罪意义上的"财物"。

需要注意的是,此案中,涉案的 0.22 个比特币,被告人销赃后获赃款人民币 24,000 元,也就意味着其盗窃的数额已经达到了刑事立案追诉标准。而这也是本案中比较特殊的一点,被告人在盗窃比特币之后,进行了销赃并获得了 24,000 元的赃款,这实际上是确定了其"犯罪数额"。但是假如被告人并没有将比特币销赃变现,则其价值认定也将成为难点。虚拟财产难以进行价格鉴定主要基于三点理由:第一,虚拟财产属于垄断产品,互联网企业对于包括虚拟货币等在内的虚拟物品定价缺乏公允性,如果以其官方价格作为衡量和计算标准则有失公平;第二,虚拟财产的交易行为频繁,无法准确测算其价值,以比特币为例,其价格具有极大的波动性,故而仅具有参考意义;第三,虚拟财产的价值是难以量化的,部分虚拟财产的价值还体现于其对于持有者所带来的心理愉悦感或无形影响力,此种"价值"是无法量化的。故而,若以盗窃罪认定非法获取虚拟财产的行为,实际上在实际操作层面还会面临很多问题。

(三)国外经典案例

2017 年 5 月 24 日美国连锁零售商塔吉特(Target)与美国 47 个州和华盛

顿哥伦比亚特区,就2013年年末的大规模数据泄露事件达成1850万美元的和解协议。此次调查由美国康涅狄格州和伊利诺伊州总检察长牵头。纽约州总检察长埃里克·施耐德曼(Eric Schneiderman)在声明中表示,他们发现攻击者利用从第三方盗取的证书入侵了塔吉特的网关服务器。塔吉特此前遭遇了美国零售行业历史上规模最大的数据泄露事件之一,黑客当时窃取了多达4000万张信用卡和借记卡信息,这些持卡人都在2013年圣诞购物季期间前往塔吉特门店进行刷卡消费。美国加利福尼亚州将从此次和解中获得140万美元的赔偿,在各州中占比最高。而塔吉特表示,此次数据泄密给该公司造成的损失达到2.02亿美元。

作为美国知名的大型医保企业,拥有超过8000万名客户的Anthem,在改名前曾经叫WellPoint。不幸的是,由于其数据加密保护措施不完善,导致其8000万名客户的详细信息被泄露,包括姓名、地址、就业信息以及社保号码等。由于大量客户的详细信息被泄露,2015年Anthem被集体诉讼。2017年6月26日,Anthem公司宣布同意支付1.15亿美元以达成和解。

2017年10月18日英国一家法院收到关于英国情报部门收集公民社交媒体及医疗数据的指控。这场诉讼由“隐私国际”(Privacy International)发起,该组织透露的一些细节,引起了公众对大规模数据收集行为的合法性的关注。“隐私国际”特别提到,其中一个关注点是,这些信息可能被分享给外国政府和一些商业伙伴。2015年3月一份来自情报及安全委员会的报告曝光,揭示英国情报机构不仅收集特定目标嫌疑人的数据,还在收集普通民众的数据。报告称一个名叫BPDs的数据库收集了上百万份数据记录。此案已被提交给英国特别司法机构“权力调查法庭”,该法庭设立的目的正是处理对于数据监控的投诉。

2017年12月4日英国首个数据泄露集体诉讼案告结,5518名Morrisons员工索赔成功。该事件发生于2014年,有大约10万名员工的工资账户遭到了泄露,其中包括员工的银行账户详情。经过调查,造成此次事件的罪魁祸首是Morrisons总部的高级内部审计员Andrew Skelton。他不仅通过滥用职权绕过Morrisons的安全保护盗取到了这些资料,还将部分资料发布在了网上,并刻成光盘送至了报社,使这起事件被多家媒体曝光。Andrew Skelton因此而遭到了警方的逮捕,罪名是未经授权擅自使用计算机资料和泄露个人资料。在2015年,布拉德福德皇家法庭宣判Andrew Skelton罪名成立,被判入狱8年。然而,事件并没有就此结束。在Andrew Skelton公布的部分资料中,有

5518 名 Morrisons 员工受到影响。他们认为 Morrisons 公司有必要为此事件负责,并联名向法院提起了集体诉讼。

微软跨境数据隐私案的争议已持续了长达 5 年,5 年间微软的诉求获得了广泛的支持,至少有来自 37 个国家的 289 个组织提供了 23 份法庭之友(Amicus Curiae)文件来声援微软。但随着 2018 年 3 月 23 日 CLOUD 法案的正式通过,美国司法部以争议已不存在为由,要求最高法院撤销了这起诉讼。该案件可以追溯到 2013 年,那时美国联邦调查局前往纽约向法院提出索要微软某客户数据的诉求,但这位涉嫌贩毒客户的数据存储在微软爱尔兰的服务器上,微软拒绝了调查局的请求,告知需检察官前往爱尔兰并经爱尔兰法院许可才能拿到该数据。2016 年微软在这桩案件中胜诉,但最近,美国政府对这一案件提出上诉并进行了开庭辩论。2018 年 3 月 23 日美国正式通过了《澄清境外数据合法使用法案》(Clarify Lawful Overseas Use of Data Act,CLOUD 法案),该法案规定,无论通信、记录或其他信息是否存储在美国境内,服务提供者均应当按照《存储传播法案》所规定的要求保存、备份、披露通信内容、记录和其他信息,只要上述内容为该服务提供者所拥有、监管或控制。CLOUD 法案的规定为美国政府索取域外数据提供了法律上的依据,也为微软与 FBI 的纠纷提供了新的解决方案。FBI 将可凭借一纸传票,收集来自其他国家的电子邮件和个人信息,从而避开这个国家的隐私保护法和法律制度。

2018 年 2 月一个名为"GoogleYou Owe Us"的英国消费者组织,一纸诉状将搜索巨头谷歌告上法庭。该组织称,谷歌绕过 iPhone 针对 Safari 浏览器的隐私设置,非法收集用户的个人数据信息。原告在起诉书中称,谷歌涉嫌秘密追踪和整理收集 440 万名英国 iPhone 用户的个人信息。为此,这些 iPhone 用户向谷歌索赔 32 亿英镑(约合 41.8 亿美元),约合每人 750 英镑。

2018 年 3 月据美国《纽约时报》和英国《观察者报》消息,一家数据分析公司(Cambridge Analytica)收集了 5000 万名选民的 Facebook 个人资料,并利用这些资料构建了一个强大的软件程序来预测和影响投票箱中的选择结果。据称,该数据分析公司与特朗普赢得大选、英国成功脱欧的竞选团队均有合作。这是 Facebook 这家科技巨头有史以来最大的数据泄露事件之一。原美国联邦贸易委员会消费者保护局主任戴维·弗拉德克(David Vladeck)表示,如果 Facebook 违反了协议,Facebook 或将面临高达 2 万亿美元的罚款。据称,和解令每违反一次,可判处 40,000 美元罚款。这意味着,如果确实如新闻所报,有 5000 万名 Facebook 用户的数据被泄露,Facebook 可能会被判处 2 万亿美元的罚款。这已经不是 Facebook 第一次因其隐私政策而成为攻击目标。美国联邦贸易委员会(Federal Trade Commission,FTC)正在调查 Facebook 在数据保护方面是否违反了 2011 年与该机构达成的和解协议——任何违反的行为都可能让 Facebook 损失数百万美元。2018 年 3 月 29 日,Facebook 用户提起集体诉讼,因 Facebook 的照片扫描技术在未经他们同意的情况下收集并存储了生物特征数据。Facebook 在伊利诺伊州独特的法律下可能面临数十亿美元的赔偿责任。

2018 年 9 月有报道称美国网约车巨头 Uber 将支付 1.48 亿美元和解金以了结一桩诉讼案,该公司在这桩案件中被指未披露 2016 年的一起大规模数据泄露事件。Uber 与美国的 50 个州和华盛顿特区达成了上述和解,这是该公司面临的备受瞩目的司法争讼之一。美国各州此前针对此案展开的调查已经持续了 10 个月,这桩案件中 5700 万个 Uber 账号的个人数据外泄,其中包括 60 万名司机的车牌号码。Uber 新任 CEO 达拉·科斯罗萨西(Dara Khosrowshahi)在 2017 年 11 月披露了这一数据泄露事件,而当时距此事件的发生已经过去了 1 年多时间。科斯罗萨西表示,Uber 原本应在 2016 年发现这起事件后就马上向监管机构披露相关信息。Uber 掩盖这桩事件之举被美国各州广泛视为触犯了数据泄露上报和数据安全法,这引起了全美监管当局的愤怒,同时还令 Uber 在英国、澳大利亚和菲律宾也都陷入了司法困境。在此数据泄露事件中,大约一半的受害人都居住在美国。和解协议的条款包括 Uber 需对其业务实践作出改变等,目标是防止未来再有数据泄露事件发生和改革该公司的企业文化。未来两年,Uber 需每季度上报一次任何可能会有的数据安全事件,并实施一项全面的信息安全计划,这项计划由一名主管人员负责,此人将向 Uber 的高管团队和董事会成员提供顾问建议。

(四)大数据司法实践面临的挑战与机遇

1. 个人信息保护的司法救济

综观近几年来国内外数据、信息保护相关的热点事件,可以很清晰地看出,在数据和信息保护领域,我国的司法部门始终处于一个难以有效发挥作用的尴尬局面。国外的社交平台、网络服务商在出现信息泄露问题时,除了社会舆论的压力和监管部门的巨额罚款,还可能需要面对用户、消费者协会甚至地方政府提起的诉讼。而在我国,社交软件、服务平台出现用户信息泄露或非法获取、使用用户信息的行为时,除了舆论影响与监管部门的介入,几乎很少看到司法部门的身影。较常见的情形是通过公安部门的介入破获犯罪,然后再移交司法审判,但此种情形下实质上是在一定程度上排除了网络服务提供者的责任。近年来,我国涉及个人信息安全和数据保护的热点事件如10亿条数据暗网抛售、优酷1亿账户信息网络黑市出售、滴滴大数据杀熟等,尽管引起了社会舆论的广泛关注和监管部门的重视,但往往是热议后的遗忘,用户方尽管恐慌却选择继续使用此类软件,平台方被约谈整改通过系统升级掩盖责任。

当然,造成此种局面的原因并非司法体系的不完善,而是我国公民个人数据保护意识的淡薄,公民个人往往对于数据的泄露不以为然,只有当损失和损害真正发生后,才意识到维权的重要性。然而,也正是因为数据保护意识的淡薄,往往维权无门,即使有意提起诉讼,也难以探寻数据泄露的真正途径。

2. 互联网法院的实践与探索

尽管目前我国仅有北京、杭州、广州3家互联网法院,但其设立为构建我国网络法治时代的新司法形态提供了经验和样本。从最高法院发布《关于互联网法院审理案件若干问题的规定》可以看出,随着大数据时代的到来,我国司法系统正在以逐步开放的态度对构建智慧法院、实现智慧司法进行探索,互联网法院正背负着先行先试的时代使命,在发展中发现问题、解决问题,从而为智慧法院生态体系的建设贡献经验。

互联网法院是司法主动对接网络强国、数字中国战略、服务互联网经济发展的时代需要,体现了司法改革的责任导向。互联网法院在全流程在线的基础上持续完善司法智能化配置,在有关审理节点中分别置入立案智能化系统、举证质证智能化系统、智慧庭审系统、语音识别智能化系统、电子送达智慧化系统、类案智能推送等多个智能化系统。可以看出,互联网法院不仅仅在制度和案件审理方面根据数据时代的要求进行了调整和改革,同时在配置上亦尝试了各类智能化技术手段作为司法实践工作的辅助,这不仅仅是对网络信息时代司法制度创新的试验,更是对"智能+法律"的司法模式的探索。

然而,互联网法院在实践中也存在一些问题,如部分诉讼规则和运行机制的创新与先行诉讼法尚难以适应,数据资源无法全面有效打通,规则体系的构建和完善仍需时日等。要进一步完善互联网法院地发展,从而使其最大限度地发挥在司法体制创新改革方面的作用;需进一步完善配套的法律法规,使其逐步转型为定位更高的专门法院;同时打通信息壁垒,破除信息孤岛,防止司法大数据空转;还需充分意识到技术工具在智慧法院建设中的重要作用,进一步融合科技支撑。

3. 数据相关市场的反垄断和反不正当竞争

目前,互联网领域发展不平衡、规则不健全、秩序不合理的基本态势并未改变,围绕着数据资源控制权和规则制定权展开竞争的基本态势也并未改变。随着万物互联的数据时代的到来,数据的收集成本大幅下降,而其商业价值却日益凸显。市场中出现了专门提供数据收集和分析服务的企业,这些企业通过"免费服务"的渠道收集用户个人信息,再基于这些数据为其他企业提供数据分析、精准营销等服务,从而获得收益。在此运作模式下,数据逐渐成为企业重要的战略资产,数据聚集则可为企业带来新的竞争优势,尤其是对于从事在线广告、网络搜索、社交平台和软件销售的企业而言,拥有的用户数据越多,其竞争优势越明显,市场控制力越强。因此,对于数据价值的认知和追逐自然而然地催生了对于数字资源控制权的竞争,数据资源领域的垄断和不正当竞争行为成为近两年来司法领域的高发争议。

由于数据相关市场呈现出多边市场、网络效应、多归属性、可获得性、隐私等特点,司法实践中的反垄断审查和不正当竞争认定也面临着突破传统规则的全新挑战,需兼顾考量数据相关市场界定、平台特征、隐私保护、数据的可获得性和替代性、网络市场的动态性等多重因素,才能更好应对和规制数据相关市场中的垄断和不正当竞争行为。

4. 技术发展与司法实践

(1)区块链技术与司法实践

最高人民法院《关于互联网法院审理案件若干问题的规定》第 11 条第 2 款规定:"当事人提交的电子数据,通过电子签名、可信时间戳、哈希值校验、区块链等证据收集、固定和防篡改的技术手段或者通过电子取证存证平台认证,能够证明其真实性的,互联网法院应当确认。"该规定对区块链存证在证据认定环节的作用进行了认可。在本规定颁布之前,杭州互联网法院已就区块链存证第一案作出了判决,对使用区块链存证技术形成的证据予以了认可。但是该判决整体仍较为保守,仅将区块链存证的证据参照普通证据的标准进行认定,并未将区块链存证技术所具备的便于证据收集、固定及防篡改的特性在证据认定时纳入考量因素。而在该规定中,明确将区块链技术列为可信赖的证据收集、固定和防篡改的技术手段之一,凸显了区块链技术在促使证据被互联网法院认可过程中的重要性。

(2)人工智能与司法实践

人工智能作为近几年来最具热度的尖端技术之一,为司法实践提供了全新的可能性和探索空间。目前,我国政府高度重视人工智能,人工智能将是各行各业实现跨越式发展的难得机遇,就司法系统而言,目前全国各地都在积极进行“智慧法院”的探索,而互联网法院基于其“以互联网方式审理涉互联网案件”的功能定位,也为“智慧法院”的生态体系建设起到了引领作用。不可否认,对于将人工智能应用于法律智能检索、文书审阅、自动生成、智能法律咨询、案件预判等领域的探索,对于引入人工智能速裁等新机制、拓展司法实践人机融合新模式的设想,对于我国推进司法体制改革、促进司法系统智能化智慧化建设具有积极意义。但是,对于所谓智能化智慧化司法,还应保持理性期待,并不断强化风险意识。面对法律和计算机程序编码以及大数据算法的支配,还需司法工作者“有思考的服从”,并注意防止法律推理和法律议论的空洞化,使法律的话语空间被压缩。毕竟,再先进的技术也必有更迭更新换代的需求,现阶段,对于技术手段的应用应当持有慎之又慎的态度。无论技术如何影响司法,司法工作者永远是司法活动的主体,只有让人工智能更好体现人的主导性和公平正义的价值观,人工智能的探讨才具有理论价值和实践意义,切不可本末倒置。

(3)司法大数据

司法大数据是大数据司法领域应用的子集,是指全面反映司法机关及其工作人员依照法定职权和法定程序处理案件的过程中所体现出的案件相关人、事、物的数量特征、时空分布特征以及变化过程的海量、多源的异构数据。通过对大数据进行整理、加工和整合,司法大数据可以呈现出司法实践中一些我们尚未发现的规律,从而反过来为司法工作提供一定的指引和参考。目前,世界范围内的司法大数据应用已较为广泛,实践多样,成效斐然。

我国由于地域广、人口多等因素,在长年累月的司法工作实践中,所积累的司法数据数量巨大且种类繁多、内涵丰富。如若通过现有的技术对其开展深入研究并合理利用,必将对于我国司法实践工作具有极强的辅助价值。但是,由于复杂的现实状况,对于司法大数据的应用仍需保持谨慎态度。目前,我国司法领域的大数据应用较为保守,主要的思维导向是数据简化和数据辅助,实践主要为整体性应用和辅助型应用,前者表现为智慧法院、智慧检察院等机构建设,后者则表现为司法机关对高效便民原则的落实,这些实践都对司法实务工作产生了积极意义。然而,必须明确的一点是,任何创新都不能缺乏法律规制、不能突破法律框架,而依赖于政策驱动的司法大数据应用模式还欠缺法律规制,易造成运用的不合理。因此,在关系公共安全、公民财产和人身安全的案件中,司法大数据的应用应尤为谨慎。

五、政府数据开放与共享现状[①]

2015年8月《促进大数据发展行动纲要》(以下简称《纲要》)发布,其中指出大数据已成为推动经济转型发展的新动力、重塑国家竞争优势的新机遇、提升政府治理能力的新途径。《纲要》将“加快政府数据开放共享,推动资源整合,提升治理能力”放在主要任务的首位,提出大力推动政府部门数据共享、稳步推动公共数据资源开放。在政府数据开放共享政策机制方面,《纲要》强调,要积极研究数据开放相关制度,规范管理,以及制定政府信息资源管理办法,建立政府部门数据资源统筹管理和共享复用制度。2016年9月国务院发布《政务信息资源共享管理暂行办法》(以下简称《信息共享暂行办法》),政府数据共享机制建设取得阶段性进展。2018年1月《公共信息资源开放试点工作方案》(以下简称《开放试点方案》)公布,我国的政府数据开放探索与实践迈出了有意义的一步。在政府数据开放共享的整体部署下,各部委、各地方政府也展开行动,积极进行机制建构、资源整合与设施建设。

---

① 本部分统计时间截至2019年2月20日,规范性文件数据来源为“北大法宝”法律信息数据库,检索方式为关键词检索与人工观察,检索内容为文件名称中同时包含“信息”“共享”,或“信息”“开放”,或“数据”“共享”,或“数据”“开放”的文件,其他数据来自互联网。我们已尽力实现相关信息的真实性、完整性和全面性,但并不对其准确性做出任何明示或隐含的保证。

目前,一些部委发布了行业数据资源开放共享的实施意见(如交通运输部于 2016 年 8 月发布《关于推进交通运输行业数据资源开放共享的实施意见》),十余个部委发布了与其职责相关的专项政务信息资源共享相关规范性文件;地方政府中,60 个政府的数据开放平台已上线,28 个省级政府出台了政务信息资源共享相关规定和实施方案,104 个副省级与地级政府也制定了相应办法与方案,7 个省级政府发布了有关政府数据开放的文件,10 个副省级和地级政府在政府数据开放的制度建设方面取得了进展。

(一)政府数据开放

政府数据开放已成为国际趋势。八国集团(G8)2013 年"开放数据宪章"指出,开放政府数据以发挥未开发数据的潜能,实现满足公众生活需求、激发创新潜能以及促进经济繁荣发展等目标。美国 2012 年《数字化政府》总统备忘录提出,开放政府数据是为了顺应技术创新背景下美国人民的商业和生活需要。英国 2012 年《开放数据　释放潜能》白皮书写道,通过数据开放打造透明政府,旨在强化公众监督,扩展商业前景,增进公共服务。我国 2015 年《纲要》提出建立国家政府数据统一开放平台,带动社会开展大数据开发应用,促进创新创业。

2018 年 1 月,中央网络安全和信息化领导小组(已改为"中央网络安全和信息化委员会")办公室、国家发展和改革委员会、工业和信息化部联合印发的《开放试点方案》指出,公共信息资源开放是推进国家治理现代化、促进经济转型升级的重要举措,对于建设法治政府、创新政府、廉洁政府和服务型政府以及发展壮大数字经济、共享经济具有重要意义。《开放试点方案》确定在北京、上海、浙江、福建、贵州开展公共信息资源开放试点。

政府数据开放方面,部委、地方政府共出台了 26 个相关文件,60 个地方政府的数据开放平台上线。从发文时间上看,省级政府中,上海率先展开政府数据开放领域的探索,上海市政府于 2014 年 5 月发布了《关于推进政府信息资源向社会开放利用工作的实施意见》,副省级与地级政府中,青岛着手政府数据开放工作较早,于 2015 年 1 月发布了《青岛市人民政府办公厅关于加快推进公共信息资源向社会开放的通知》,上述两个文件的发布均早于《纲要》。2017 年,地方政府发布的数据开放文件数量大幅增长(10 个文件),2018 年发文量依然较多(7 个文件),表明我国政府数据开放在近两年开始加快,并且不断推进。从平台数量上看,截至 2018 年 12 月 31 日,全国已有 60 个地方政府数据开放平台上线,数量可观,其中,山东省和广东省分别上线了10个以上的开放平台,在全国处于领先水平。

目前出台的政府数据开放文件,从规定的专门性来看,主要可分为三类:一是主要针对数据开放的文件,又可细分为专项数据开放规定(如《福州市健康医疗大数据开发开放实施细则》)和综合数据开放文件(如上海市政府《关于推进政府信息资源向社会开放利用工作的实施意见》);二是以数据开放和共享为规定的主要内容(如《贵阳市政府数据共享开放条例》);三是将数据开放作为政务数据资源管理规定中的重要组成部分[如《北京市政务信息资源管理办法(试行)》第五章、第六章分别为“政务信息资源共享”“政务信息资源开放”]。

政府数据开放规范性文件的内容一般包括部门责任分工、开放范围、开放类型、开放方式、开放流程、保障与监督等。各地政府数据开放规定当中,贵阳市的政府数据开放规定典型性强,由《贵阳市政府数据共享开放条例》《贵阳市政府数据资源管理办法》《贵阳市政府数据开放共享实施办法》《贵阳市政府数据开放共享考核暂行办法》构成,体系完整,逐层细化,逐步推进。

表5-1 中央层级政府数据开放文件汇总(2018年12月前发布)

序号	名称	发布部门	发布时间
1	《关于推进交通运输行业数据资源开放共享的实施意见》	交通运输部	2016年8月25日
2	《公共信息资源开放试点工作方案》	中央网络安全和信息化领导小组办公室(已更名),国家发展和改革委员会,工业和信息化部	2018年1月5日

表5-2 省级政府数据开放文件汇总(2018年12月前发布)

序号	区域	文件名称	发布单位或部门	发布时间
1	上海市	《关于推进政府信息资源向社会开放利用工作的实施意见》	上海市政府	2014年5月5日
2	福建省	《福建省政务数据管理办法》	福建省政府	2016年10月15日
3	贵州省	《贵州省政务数据资源管理暂行办法》	贵州省政府	2016年11月1日

续表

序号	区域	文件名称	发布单位或部门	发布时间
4	浙江省	《浙江省公共数据和电子政务管理办法》	浙江省政府	2017 年 5 月 1 日
5	云南省	《关于重点行业和领域大数据开放开发工作的指导意见》	云南省政府	2017 年 6 月 23 日
6	北京市	《北京市政务信息资源管理办法(试行)》	北京市政府	2017 年 12 月 27 日
7	重庆市	《重庆市政务信息资源共享开放管理办法》	重庆市政府	2018 年 5 月 5 日
8	上海市	《上海市公共数据和一网通办管理办法》	上海市政府	2018 年 9 月 30 日

表 5－3 副省级与地级政府数据开放文件汇总(2018 年 12 月前发布)

序号	省级行政区(按拼音首字母排序)	副省级与地级行政区(按拼音首字母排序)	文件名称	发布单位或部门	发布时间
1	安徽省	合肥市	《合肥市政务数据资源共享开放管理暂行办法》	合肥市政府	2018 年 1 月 16 日
2	福建省	福州市	《福州市政务数据资源管理暂行办法》	福州市政府	2017 年 7 月 27 日
			《福州市健康医疗大数据资源管理实施细则》	福州市政府	2017 年 10 月 25 日
			《福州市健康医疗大数据开放开发实施细则》	福州市政府	2017 年 10 月 25 日
		南平市	《南平市政务数据管理办法》	南平市政府	2018 年 8 月 20 日

续表

序号	省级行政区(按拼音首字母排序)	副省级与地级行政区(按拼音首字母排序)	文件名称	发布单位或部门	发布时间
3	贵州省	贵阳市	《贵阳市政府数据共享开放条例》	贵阳市人大(含常委会)	2017年3月30日
			《贵阳市政府数据资源管理办法》	贵阳市政府	2017年11月23日
			《贵阳市政府数据开放共享实施办法》	贵阳市政府	2018年1月12日
			《贵阳市政府数据开放共享考核暂行办法》	贵阳市政府	2018年6月27日
4	黑龙江省	哈尔滨市	《哈尔滨市推进政府数据向社会开放工作实施方案》	哈尔滨市政府	2017年3月10日
5	宁夏回族自治区	银川市	《银川市城市数据共享开放管理办法》	银川市政府	2018年3月2日
6	山东省	青岛市	《青岛市人民政府办公厅关于加快推进公共信息资源向社会开放的通知》	青岛市人民政府办公厅	2015年1月16日
		威海市	《威海市人民政府办公室关于推进政府数据资源向社会开放利用工作的实施意见》	威海市人民政府办公室	2016年6月30日
7	四川省	成都市	《成都市公共数据管理应用规定》	成都市政府	2017年6月6日

续表

序号	省级行政区（按拼音首字母排序）	副省级与地级行政区（按拼音首字母排序）	文件名称	发布单位或部门	发布时间
8	浙江省	台州市	《台州市公共数据和电子政务管理办法》	台州市政府	2018 年 2 月 2 日
			《台州市城市交通数据资源开放管理暂行办法》	台州市政府	2016 年 12 月 16 日
		丽水市	《丽水市城市交通数据资源开放共享管理办法（试行）》	丽水市政府	2016 年 12 月 16 日

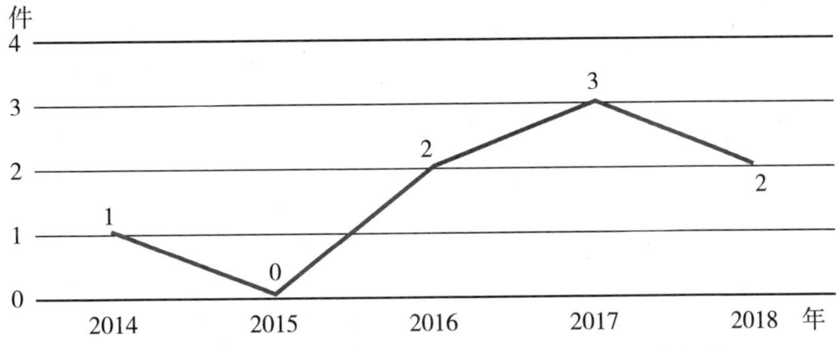

图 5－1　2014～2018 年省级政府数据开放文件发布数量

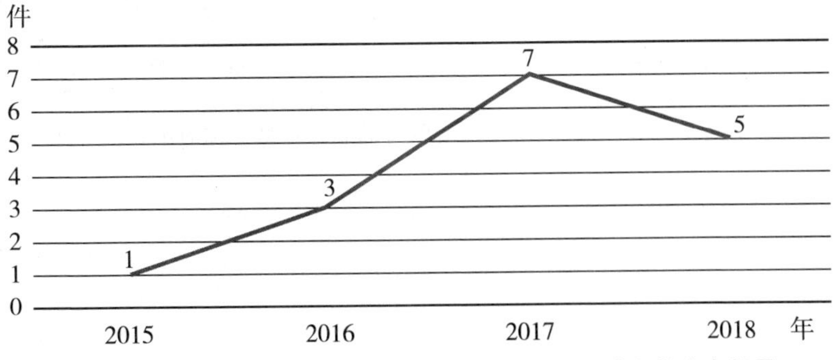

图 5－2　2015～2018 年副省级与地级政府数据开放文件发布数量

表 5－4　地方政府数据开放平台汇总(2018 年 12 月前开放)

序号	省级行政区 (按拼音首字母排序)	平台数量(个)	平台名称
1	安徽省	4	宣城市政府数据开放平台 马鞍山市人民政府—数据开放 六安市信息资源开放平台 蚌埠市信息资源开放平台
2	北京市	1	北京市政务数据资源网
3	福建省	1	开放福建
4	广东省	11	开放广东 广州市政府数据统一开放平台 深圳市政府数据开放平台 佛山市政府数据开放平台 开放惠州 开放江门 开放中山 珠海市民生数据开放平台 数据东莞 阳江市政府网—数据开放 湛江数据服务网
5	贵州省	5	贵州省政府数据开放平台 贵阳市政府数据开放平台 黔东南州人民政府数据开放平台 黔南州政府数据开放平台 遵义市政府数据开放平台
6	湖北省	1	武汉市政务公开数据服务网
7	黑龙江省	1	哈尔滨市政府数据开放平台
8	海南省	1	海南数据开放平台
9	河南省	1	河南省公共数据开放平台
10	湖南省	1	长沙市政府门户网站数据开放平台
11	江苏省	5	苏州市政府数据开放平台 扬州政务数据服务网 泰州市政务数据开放平台 常州市政府数据开放平台 无锡市政府数据开放平台

续表

序号	省级行政区（按拼音首字母排序）	平台数量（个）	平台名称
12	江西省	1	江西省政府数据开放网站
13	内蒙古自治区	1	乌海市政府数据开放平台
14	宁夏回族自治区	3	宁夏开放门户网站 银川市城市数据开放平台 石嘴山政府数据开放平台
15	四川省	1	成都市公共数据开放平台
16	山东省	17	山东公共数据开放网 济南市公共数据开放网 青岛市公共数据开放网 淄博市公共数据开放网 临沂市公共数据开放网 济宁市公共数据开放网 德州市公共数据开放网 威海市公共数据开放网 滨州市公共数据开放网 东营市公共数据开放网 菏泽市公共数据开放网 聊城市公共数据开放网 日照市公共数据开放网 泰安市公共数据开放网 潍坊市公共数据开放网 烟台市公共数据开放网 枣庄市公共数据开放网
17	上海市	1	上海市政府数据服务网
18	陕西省	1	陕西省公共数据开放平台
19	浙江省	3	浙江省政务服务网—数据开放 宁波市政府数据服务网 湖州市公共数据开放平台
合计		60	

(二)政府数据共享

政府数据共享对于消除政务信息孤岛、避免重复建设、提升行政效率、提高科学决策水平以及改进公共服务具有重要意义。2016 年 9 月国务院发布《政务信息资源共享管理暂行办法》,这是 2015 年《纲要》公布后,中央政府着手展开政务信息资源共享机制建设的鲜明标志。2017 年 5 月国务院办公厅发布《政务信息系统整合共享实施方案》(以下简称《共享方案》)。《共享方案》明确指出,当时的政务信息整合共享未能从全局上和根本上解决我国政务信息化建设的"各自为政、条块分割、烟囱林立、信息孤岛"问题,因此,政务信息共享工作应统筹谋划,重点突破,尽快见效。

政府数据共享方面,中央政府和地方政府均发布了多个文件。从发文时间上看,国务院及其部委自 2013 年开始,陆续出台政府信息共享建设文件。地方政府中,福建省政府于 2005 年 9 月发布的《福建省政务信息网信息共享管理办法(试行)》是早期尝试。各级政府的政务数据信息共享文件发布数量均于 2017 年达到高峰(省级及以上级别政府文件 37 个),表明近两年政府极为重视并大力推动政府数据整合共享工作。截至 2018 年 12 月 31 日,我国有 28 个省级行政区发布了政务信息整合共享文件,接近全部省级行政区的 90%(未包含港澳台地区),已发布政府数据共享文件的副省级与地级行政区数量达到了 104 个。

目前出台的政府数据共享文件,从规定的专门性来看,主要可分为三类:一是主要针对数据共享的文件,又可细分为专项数据共享规定(如《农业部政务信息资源共享管理暂行办法》《山东省优化营商环境推进信息共享专项行动方案》)和综合数据共享文件(如《安徽省政务信息资源共享管理暂行办法》《安徽省政务信息系统整合共享实施方案》);二是以数据开放和共享为规定的主要内容(如《贵阳市政府数据共享开放条例》);三是将数据共享作为政务数据资源管理规定中的重要组成部分(如《贵州省政务数据资源管理暂行办法》第五章、第六章分别为"数据共享""数据开放")。从规定的内容来看,基本包括资源采集、资源分类与共享要求、资源提供与使用、监督和保障等组成部分。

我国政府数据共享呈现出进程日益加快、政府机构逐渐增加、规范逐步细化和数据范围不断扩大的总体趋势。在政府数据共享的具体实践中,则体现出层次上中央部署与地方探索的交互、系统上局部部门与整体机构的推进、类型上专项数据与多项数据的交叉以及步骤上“数据集成—数据共享—数据开放”的次第。

表 5－5　中央层级政府数据共享文件汇总（2018 年 12 月前发布）

序号	名称	发布单位或部门	发布时间
1	《关于进一步加强政务部门信息共享建设管理的指导意见》	国家发展改革委、中编办、工业和信息化部、财政部、审计署、国家质检总局、国家电子政务内网协调小组办公室	2013 年 4 月 12 日
2	《关于推进交通运输行业数据资源开放共享的实施意见》	交通运输部	2016 年 8 月 25 日
3	《政务信息资源共享管理暂行办法》	国务院	2016 年 9 月 5 日
4	《政务信息系统整合共享实施方案》	国务院办公厅	2017 年 5 月 3 日
5	《加快推进落实〈政务信息系统整合共享实施方案〉工作方案》	国家发展和改革委员会、中央网络安全和信息化领导小组办公室（已变更）、中央机构编制委员会办公室、财政部、审计署	2017 年 8 月 18 日
6	《农业部政务信息资源共享管理暂行办法》	农业部（已撤销）	2017 年 8 月 24 日
7	《关于印发〈推进“多证合一”改革　加强部门信息共享合作备忘录〉的通知》	国家工商行政管理总局（已撤销）、商务部、海关总署	2017 年 10 月 23 日
8	《国家粮食局政务信息系统整合共享工作方案》	国家粮食局（已撤销）	2017 年 10 月 29 日

续表

序号	名称	发布单位或部门	发布时间
9	《关于进一步推进"多证合一"工商共享信息运用工作的通知》	国家税务总局	2017年11月1日
10	《关于推进社会组织统一社会信用代码制度建设和信息共建共享有关事项的通知》	民政部、国家发展和改革委员会、国家质量监督检验检疫总局(已撤销)	2017年11月24日
11	《关于加强信息共享和联合监管的通知》	国家工商行政管理总局(已撤销)、国家税务总局	2018年1月5日
12	《关于做好联合惩戒案例归集和信息共享工作的通知》	国家发展和改革委员会	2018年4月23日
13	《关于加快应用统一社会信用代码推进信用信息归集共享应用的通知》	交通运输部	2018年7月4日

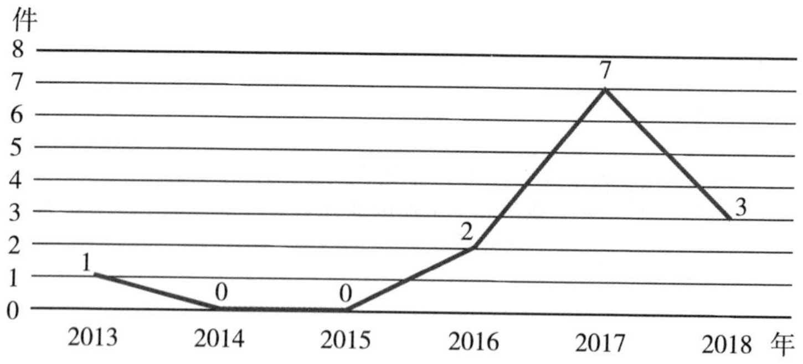

图5-3 2013~2018年中央层级政府数据共享文件发布数量

表 5－6 省级政府数据共享文件汇总(2018 年 12 月前发布)

序号	行政区(按拼音首字母排序)	文件名称	发布单位或部门	发布时间
1	安徽省	《安徽省政务信息资源共享管理暂行办法》	安徽省政府	2017 年 2 月 21 日
		《安徽省政务信息系统整合共享实施方案》	安徽省政府	2017 年 8 月 23 日
		《关于进一步加快推进安徽省政务信息系统整合共享工作的通知》	安徽省政府	2018 年 5 月 28 日
2	北京市	《北京市政务信息资源管理办法(试行)》	北京市政府	2017 年 12 月 27 日
3	重庆市	《重庆市政务信息资源共享开放管理办法》	重庆市政府	2018 年 5 月 5 日
4	福建省	《福建省政务信息网信息共享管理办法(试行)》	福建省政府	2005 年 9 月 27 日
		《福建省政务信息共享管理办法》	福建省政府	2010 年 11 月 12 日
		《福建省电子政务建设和应用管理办法》	福建省政府	2015 年 2 月 16 日
		《福建省政务数据管理办法》	福建省政府	2016 年 10 月 15 日
		《福建省政务信息系统整合共享实施方案》	福建省政府	2017 年 10 月 25 日
		《福建省数字档案共享管理办法》	福建省政府	2017 年 12 月 1 日
		《关于进一步加快推进政务信息系统整合共享工作的通知》	福建省政府	2018 年 6 月 1 日
5	甘肃省	《甘肃省政务信息系统整合共享实施方案》	甘肃省政府	2017 年 9 月 30 日

续表

序号	行政区(按拼音首字母排序)	文件名称	发布单位或部门	发布时间
6	广东省	《广东省政务信息资源共享管理试行办法》	广东省政府	2008年10月23日
		《广东省政务信息系统整合共享工作方案》	广东省政府	2017年10月30日
		《关于实行办税人员实名身份信息共享互认的通告》	广东省国家税务局、广东省地方税务局	2018年1月8日
7	广西壮族自治区	《推进政务数据资源共享开放和业务协同工作方案》	广西壮族自治区政府	2016年1月6日
		《广西政务信息资源共享管理暂行办法》	广西壮族自治区政府	2016年10月21日
		《全区政务信息系统整合共享工作要点》	广西壮族自治区政府	2017年9月22日
8	贵州省	《关于切实做好涉企信息归集共享与协同监管工作的通知》	贵州省政府	2016年10月21日
		《贵州省政务数据资源管理暂行办法》	贵州省政府	2016年11月1日
	海南省	《海南省政务信息整合共享专项行动实施方案》	海南省政府	2017年9月30日
9	河北省	《河北省地理信息交换共享管理办法》	河北省政府	2013年11月27日
		《河北省政务信息资源共享管理规定》	河北省政府	2015年11月12日
		《河北省政务信息系统整合共享实施方案》	河北省政府	2017年9月22日

续表

序号	行政区（按拼音首字母排序）	文件名称	发布单位或部门	发布时间
10	河南省	《河南省政务信息资源共享管理暂行办法》	河南省政府	2018 年 1 月 8 日
11	黑龙江省	《黑龙江省贯彻落实〈科学数据管理办法〉实施细则的通知》	黑龙江省政府	2018 年 8 月 17 日
12	湖北省	《湖北省政务信息资源共享管理暂行办法》	湖北省政府	2017 年 8 月 13 日
		《湖北省政务信息资源共享管理办法》	湖北省政府	2018 年 9 月 26 日
13	湖南省	《湖南省政务信息资源共享管理办法(试行)》	湖南省政府	2017 年 11 月 22 日
		《湖南省政务信息系统整合共享实施方案》	湖南省政府	2017 年 12 月 19 日
14	吉林省	《吉林省加快推进政务信息系统整合共享工作方案》	吉林省政府	2017 年 11 月 22 日
15	江苏省	《江苏省政务信息系统整合共享工作实施方案》	江苏省人民政府办公厅	2017 年 9 月 7 日
		《江苏省政务信息资源共享管理暂行办法》	江苏省政府	2017 年 10 月 26 日
16	江西省	《江西省政务信息系统整合共享实施方案》	江西省政府	2017 年 9 月 13 日
		《关于加快推进全省政务数据共享的工作方案》	江西省政府	2018 年 9 月 29 日

续表

序号	行政区(按拼音首字母排序)	文件名称	发布单位或部门	发布时间
17	辽宁省	《辽宁省政务信息资源共享管理暂行办法》	辽宁省政府	2016年12月19日
		《辽宁省政务信息系统整合共享实施方案》	辽宁省政府	2017年8月16日
18	内蒙古自治区	《内蒙古自治区政务信息资源共享管理暂行办法》	内蒙古自治区政府	2018年6月15日
19	宁夏回族自治区	《政务信息系统整合共享分工方案》	宁夏回族自治区政府	2017年10月9日
		《宁夏食品药品安全“黑名单”信息共享和联合惩戒办法》	宁夏回族自治区食品药品监督管理局	2018年4月13日
20	青海省	《青海省地理空间数据交换和共享管理办法》	青海省政府	2015年10月14日
		《青海省政务信息系统整合共享工作方案》	青海省政府	2017年8月1日
		《青海省政务信息资源共享交换平台建设方案》	青海省政府	2017年9月6日
21	山东省	《山东省政务信息资源共享管理办法》	山东省政府	2015年1月27日
		《山东省政务信息系统整合共享实施方案》	山东省政府	2017年10月22日
		《山东省优化营商环境推进信息共享专项行动方案》	山东省政府	2018年7月30日

续表

序号	行政区（按拼音首字母排序）	文件名称	发布单位或部门	发布时间
22	山西省	《山西省政务信息系统整合共享工作方案》	山西省政府	2017 年 9 月 28 日
23	陕西省	《陕西省企业信息互联共享管理暂行办法》	陕西省政府	2016 年 1 月 15 日
		《陕西省政务信息资源共享管理办法》	陕西省政府	2017 年 8 月 16 日
		《陕西省政务信息系统整合共享实施方案》	陕西省政府	2017 年 9 月 13 日
24	上海市	《关于推进政府信息资源向社会开放利用工作的实施意见》	上海市政府	2014 年 5 月 5 日
		《上海市政务数据资源共享管理办法》	上海市政府	2016 年 2 月 29 日
		《上海市公共数据和一网通办管理办法》	上海市政府	2018 年 9 月 30 日
25	四川省	《四川省地理信息交换共享管理办法》	四川省政府	2017 年 1 月 18 日
		《四川省政务信息资源共享管理实施细则(暂行)》	四川省政府	2017 年 3 月 5 日
		《2018 年全省政务信息系统整合共享工作重点任务》	四川省政府	2018 年 2 月 24 日
26	云南省	《关于重点行业和领域大数据开放开发工作的指导意见》	云南省政府	2017 年 6 月 23 日
		《云南省政务信息资源共享管理实施细则》	云南省政府	2017 年 12 月 22 日
27	浙江省	《浙江省地理空间数据交换和共享管理办法》	浙江省政府	2010 年 5 月 4 日
		《浙江政务服务网信息资源共享管理暂行办法》	浙江省政府	2014 年 11 月 28 日
		《浙江省公共数据和电子政务管理办法》	浙江省政府	2017 年 5 月 1 日

表 5－7　副省级与地级政府数据共享文件汇总(2018 年 12 月前发布)

序号	省级行政区	已发布政府数据共享文件的副省级与地级行政区	
		行政区名称	行政区数量(个)
1	安徽省	合肥市、安庆市、蚌埠市、亳州市、滁州市、淮北市、淮南市、黄山市、六安市、马鞍山市、宿州市、铜陵市	12
2	福建省	福州市、龙岩市、南平市、泉州市、厦门市	5
3	甘肃省	兰州市	1
4	广东省	东莞市、广州市、深圳市、珠海市	4
5	贵州省	贵阳市、六盘水市、黔南州	3
6	海南省	儋州市、三亚市	2
7	河北省	沧州市、承德市、廊坊市	3
8	河南省	鹤壁市、开封市、漯河市、商丘市、新乡市、信阳市、许昌市、郑州市	8
9	黑龙江省	哈尔滨市、鹤岗市、七台河市	3
10	湖北省	鄂州市、武汉市、襄阳市、孝感市、宜昌市	5
11	湖南省	衡阳市、长沙市	2
12	吉林省	四平市、松原市、通化市	3
13	江苏省	常州市、淮安市、连云港市、南京市、南通市、泰州市、无锡市、宿迁市、徐州市、扬州市	10
14	江西省	抚州市、南昌市、萍乡市、新余市	4
15	辽宁省	鞍山市、本溪市、大连市、丹东市、抚顺市、阜新市、葫芦岛市、盘锦市、沈阳市、营口市	10
16	内蒙古自治区	包头市、赤峰市	2
17	宁夏回族自治区	银川市	1
18	青海省	西宁市	1
19	山东省	东营市、菏泽市、济南市、青岛市、泰安市、威海市、潍坊市、淄博市	8

续表

序号	省级行政区	已发布政府数据共享文件的副省级与地级行政区	
		行政区名称	行政区数量(个)
20	山西省	大同市、朔州市、太原市	3
21	陕西省	宝鸡市、西安市	2
22	四川省	成都市、泸州市、宜宾市、自贡市	4
23	云南省	曲靖市	1
24	浙江省	杭州市、湖州市、嘉兴市、丽水市、宁波市、衢州市、绍兴市、台州市	8
合计		105	

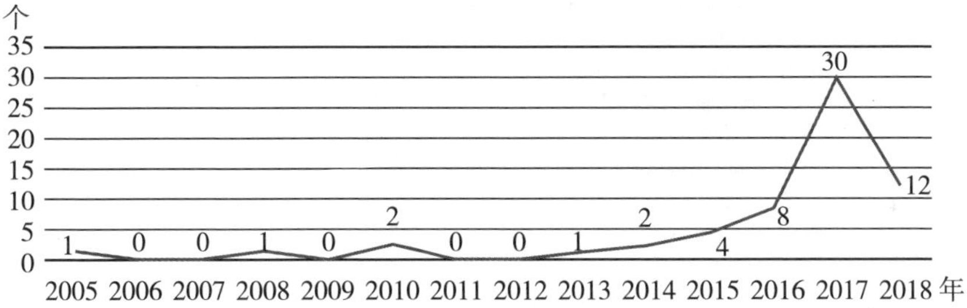

图 5－4　2005～2018 年省级政府数据共享文件发布数量

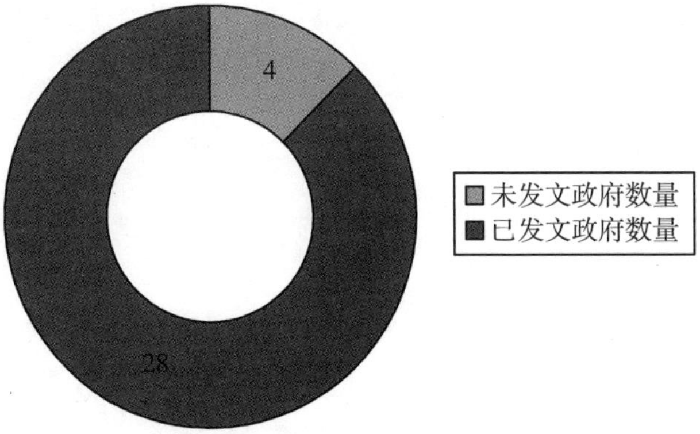

图 5－5　已发布政府数据共享文件的省级政府占比

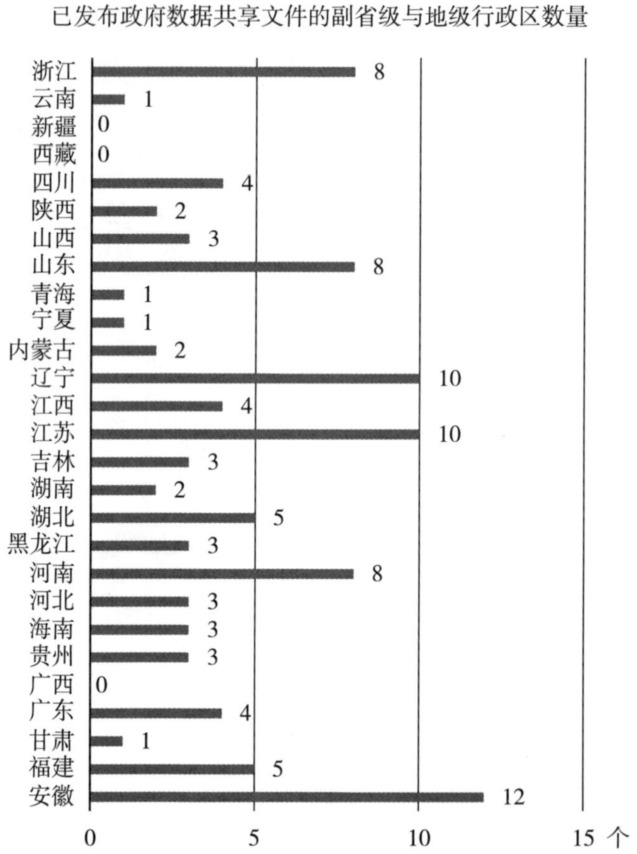

图 5－6　已发布政府数据共享文件的副省级与地级行政区数量

六、企业大数据应用法治现状

企业大数据应用法治现状,是指企业在应用大数据的过程中对现有法律法规是否遵从及遵从程度的现实状态。例如,企业的数据收集、存储、使用、加工等处理行为是否存在违反现有法律法规的情况,程度如何;企业是否建立了法律所要求建立的内控制度,其是否有效等。中国政法大学互联网金融法律研究院课题组梳理了 2018 年 12 月 1 日前现行有效的、规范企业相关数据行为的法律、法规,并以此为标准设计了《企业大数据应用法治现状调查问卷》,采用了现场访谈调查、电话访谈调查以及在线调查问卷的形式,共收集问卷 12,302 份,受访企业均存在涉及互联网的业务,受访行业广泛。受访企业的营业年限主要在 1 ~ 5 年,详情见图 6 – 1。《企业大数据应用法治现状调查问卷》力求通过数据分析对我国企业数据应用法治现状进行全面评估。

总体来讲,当前法律、法规所规定的需要遵循数据治理行为的义务主体基本涵盖了所有企业,对涉及互联网、通信、金融等特殊行业,由于其接触的数据量大、数据内容敏感,以及数据泄露或滥用的后果严重,因此法律法规还设有特殊的义务。同时,互联网与其他行业的交叉行业往往还需履行更多义务,这主要是由行业的特殊性所决定的。但是企业对现行法律的遵从程度较低,违法犯罪行为猖獗。虽然法律层面对企业内部控制、涉及个人信息和商业秘密的数据保护等均有规定，但是由于企业在对数据的实际控制方面占据了优势地位，同时，由于企业涉及数据的行为的特殊性，因此企业是否依法履行法定义务还难以获得有效检验。

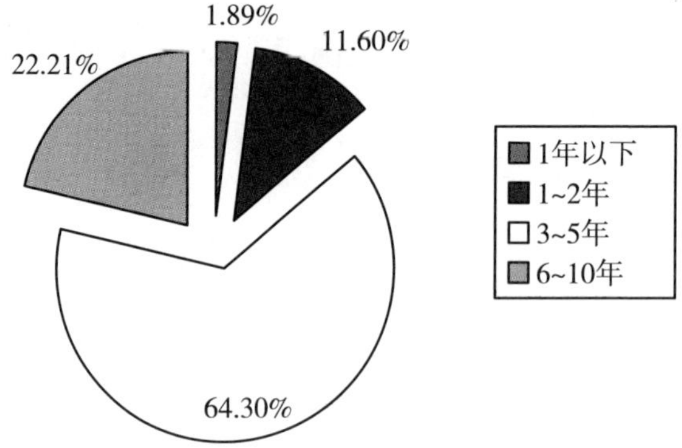

图6－1 受访企业营业年限

(一)对内：内控制度建设

表6－1

义务1	网络运营者制定内部安全管理制度和操作规程
来源	《网络安全法》第21条规定，义务主体为网络运营者，即网络的所有者、管理者和网络服务提供者。为防止网络数据泄露或者被窃取、篡改，企业要制定内部安全管理制度和操作规程，确定网络安全负责人，落实网络安全保护责任，并采取数据分类、重要数据备份和加密措施。企业内部安全管理制度和操作规程应当根据法律、行政法规规定的义务来确定
现状	根据调查，《网络安全法》实施一年多以来，在受访的属于网络运营者的企业中，有接近9成的企业已经建立有内部安全管理制度和操作规程，接近8成的企业有专人或专门机构负责企业所收集的个人信息保护工作，较2017年相比，有所提高。但与此同时，多达9成的企业出现过个人数据泄露问题，其中由于企业提供和员工泄密而导致的个人数据泄露占比最大。这反映出在企业内部安全管理制度的设计，效果甚微，道德风险依旧是最大的风险，是企业内控安全制度防范的重点
义务2	关键信息基础设施运营者的特殊安全保护义务

续表

来源	《网络安全法》第 31 条、第 34 条规定，义务主体为关键信息基础设施运营者，即公共通信和信息服务、能源、交通、水利、金融、公共服务、电子政务等重要行业和领域，以及其他一旦遭到破坏、丧失功能或者数据泄露，可能严重危害国家安全、国计民生、公共利益的关键信息基础设施的运营者。其中规定的特殊安全保护义务包括设置专门安全管理机构和确定安全管理负责人，并对该负责人和关键岗位的人员进行安全背景审查；定期对从业人员进行网络安全教育、技术培训和技能考核；对重要系统和数据库进行容灾备份；制定网络安全事件应急预案，并定期进行演练；以及法律、行政法规所规定的其他义务
现状	《网络安全法》关键信息基础设施的运营者范围较广，在信息服务、金融等领域，有进一步的部门规章对如何履行特殊安全保护义务作出细化规定。调查显示，在受访的属于关键基础设施运营者的企业中，还有接近一成的运营者没有履行特殊的安全保护义务来防止数据泄露
义务 3	关键信息基础设施运营者的境内产生数据境内存储义务
来源	《网络安全法》第 37 条规定，义务主体为关键信息基础设施运营者，规定关键信息基础设施的运营者在中华人民共和国境内运营时所收集和产生的个人信息和重要数据应当在境内存储
现状	据调查，在受访的属于关键基础设施运营者的企业中，有超过 9 成的企业履行了该义务
义务 4	网络运营者建立健全用户信息保护制度。
来源	《网络安全法》第 40 条规定，义务主体为网络运营者。该条款要求网络运营者建立针对其用户信息的内控保护制度
现状	据调查显示，还有约 1 成的受访企业尚未建立用户信息保护制度，这些企业不仅涵盖了电子商务、教育等行业，还涵盖了《网络安全法》中规定的，需要进行重点保护的通信、信息服务、金融等重要行业和领域。在已经建立用户保护制度的受访企业中，有 9 成的企业出现过个人数据泄露，数据泄露的原因最主要的是企业提供以及员工泄露，见下图。这反映出，即便是已经建立了用户信息保护制度的企业，由企业、员工所导致的道德风险以及互联网带来的技术风险仍未得到较好的防范和化解，企业利用数据合法与非法的边界不够清晰，越线后的惩罚不足，导致与法律所要求的“健全”还有相当的距离。 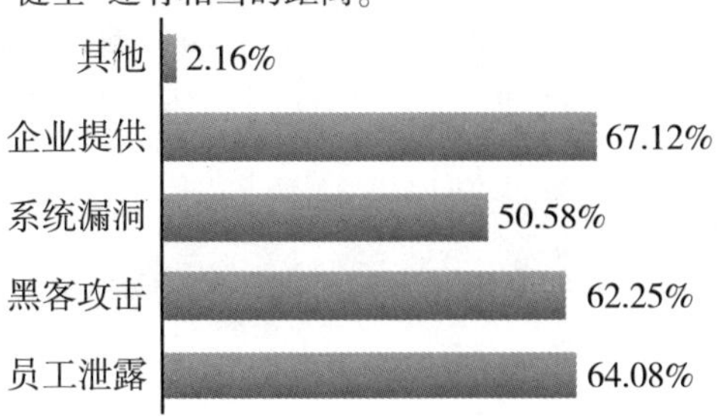

(二)对外:个人数据与商业秘密保护

表 6 – 2

义务 1	收集、使用个人信息,应公开收集、使用规则,明示收集、使用信息的目的、方式和范围
来源	《网络安全法》第 41 条规定,义务主体为网络运营者,客体为用户个人信息;《消费者权益保护法》第 29 条规定,义务主体为经营者,客体为消费者个人信息;《电子商务法》第 23 条规定,义务主体为电子商务经营者;《全国人民代表大会常务委员会关于加强网络信息保护的决定》之二规定,义务主体为网络服务提供者和其他企事业单位,客体为公民个人电子信息;《网络交易管理办法》第 18 条规定,义务主体为网络商品经营者、有关服务经营者,客体为消费者或者经营者信息;《电信和互联网用户个人信息保护规定》第 9 条规定,义务主体为电信业务经营者、互联网信息服务提供者,客体为用户个人信息
现状	调查结果显示,在收集客户的个人信息时,有近 6 成的受访企业还未向用户公布过收集个人信息的规则、使用个人信息的目的,还未向被收集者明示使用个人信息的规则,收集个人信息的目的,使用、收集个人信息的方式、范围,以及客户提供个人信息的风险后果等,较 2017 年的数据有所改善
义务 2	收集、使用客户个人信息时,经过被收集人同意
来源	规定于《网络安全法》第 22 条、第 41 条,《消费者权益保护法》第 29 条,《全国人民代表大会常务委员会关于加强网络信息保护的决定》之二,《网络交易管理办法》第 18 条,《电信和互联网用户个人信息保护规定》第 9 条等,义务主体的范围如上所述
现状	即使法律有明确要求,在收集个人信息时,也要获得被收集人同意,但调查结果显示,在受访企业中,超过半数的企业在收集、使用客户个人信息时,未经被收集者同意。而在获得被收集者同意的受访企业中,仅有近 3 成的受访企业表示,其所获得的“被收集人同意”是明示同意
义务 3	不得泄露、篡改、毁损其收集的个人信息,不得非法出售或非法向他人提供个人信息

续表

<table>
<tr><td>来源</td><td>《民法总则》第 111 条规定,义务主体为任何组织和个人;《刑法》第 253 条之一规定,义务主体为任何单位和个人;《网络安全法》第 42 条规定,义务主体为网络运营者;《消费者权益保护法》第 29 条规定,义务主体为经营者及其工作人员;《全国人民代表大会常务委员会关于加强网络信息保护的决定》之三规定,义务主体为网络服务提供者和其他企事业单位及其工作人员;《网络交易管理办法》第 18 条规定,义务主体为网络商品经营者、有关服务经营者及其工作人员;《电信和互联网用户个人信息保护规定》第 10 条规定,义务主体为电信业务经营者、互联网信息服务提供者及其工作人员</td></tr>
<tr><td></td><td>“不得泄露、篡改、毁损,不得非法向他人提供个人信息”这一义务,不仅是相关企业的法定义务,还是企业工作人员的法定义务。《刑法》中对此作出规定,最高人民法院和最高人民检察院也针对“侵犯公民个人信息罪”发布司法解释,以助力刑法条款的落地。然而,调查结果显示,受访企业中,有近 9 成企业出现过客户个人数据泄露的情况,导致客户个人数据泄露的原因见上图,其中员工泄露占比 64.08%,企业提供占比 67.12%。泄露、非法出售或非法向他人提供客户个人数据和信息的现象如今十分普遍,侵犯公民个人信息犯罪相当猖獗</td></tr>
<tr><td>现状</td><td>同时,有超过 8 成的企业出现过个人数据丢失的情况。导致个人信息丢失的原因见下图。可以看到企业普遍遭受过因系统漏洞、黑客攻击和员工操作而致的客户个人数据丢失。可见,保护所收集的个人数据的安全,履行法定义务,无论是从内部员工控制,还是从技术措施的提升来看仍任重而道远
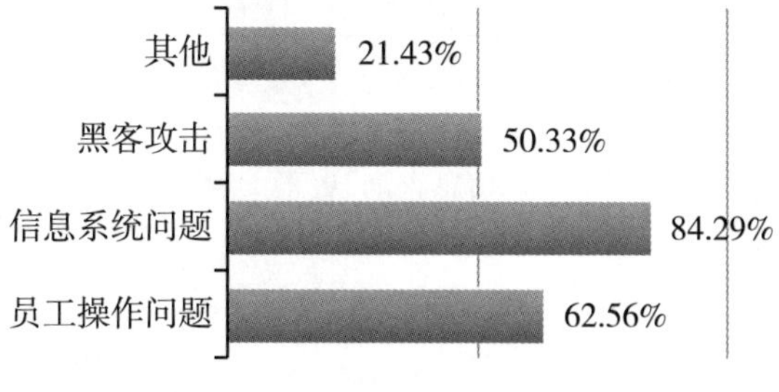
</td></tr>
<tr><td>义务 4</td><td>当客户个人信息出现泄露、毁损和丢失后,及时将情况告知客户</td></tr>
<tr><td>来源</td><td>《网络安全法》第 42 条规定,义务主体为网络运营者</td></tr>
</table>

续表

现状	据调查显示,在属于网络运营者的受访企业中,仅有 3 成的受访企业将泄露、毁损和丢失客户个人信息的情况告知客户。一方面,是由于企业和客户在客户个人信息的收集和使用上,属于信息极度不对称状态。客户并不清楚了解企业收集、使用其何种个人数据,除非受到直接的侵害,否则将难以得知个人数据的状态。另一方面,企业是客户个人数据的实际控制者,在缺乏客户监督机制的情况下,出于对自身利益的考量,企业往往不会将信息丢失的情况进行告知。因此,现有的法律虽然规定有此义务,但难以起到任何实质有效的作用
义务 5	确保收集的个人信息安全,有确保收集的个人信息安全的技术措施
来源	《民法总则》第 111 条规定,义务主体为任何组织和个人;《网络安全法》第 42 条规定,义务主体为网络运营者;《消费者权益保护法》第 29 条规定,义务主体为经营者;《全国人民代表大会常务委员会关于加强网络信息保护的决定》之四规定,义务主体为网络服务提供者和其他企事业单位;《网络交易管理办法》第 18 条规定,义务主体为网络商品经营者、有关服务经营者
现状	调查显示,在受访企业中,有 8 成左右的企业已经采取了保护个人信息安全的技术措施。但是,在已经采取措施的受访企业中,有近 8 成的受访企业出现过用户数据泄露,有近 1 成的受访企业出现过用户数据毁损,有近 8 成的受访企业出现过用户数据丢失。由于法律未明确“技术措施”的具体标准和要求,实践中,企业的技术措施水平参差不齐,是否能确实保障个人数据、信息的安全性不得而知
义务 6	企业设立有对收集、存储错误的客户个人信息进行删除、更正的措施
来源	《网络安全法》第 43 条规定,义务主体为网络运营者。《电子商务法》第 24 条就义务主体电子商务经营者作出了具体规定,要求电子商务经营者应当明示用户信息查询、更正、删除以及用户注销的方式、程序,不得对用户信息查询、更正、删除以及用户注销设置不合理条件。电子商务经营者收到用户信息查询或者更正、删除的申请的,应当在核实身份后及时提供查询或者更正、删除用户信息。用户注销的,电子商务经营者应当立即删除该用户的信息。《电信和互联网用户个人信息保护规定》第 9 条规定,义务主体为电信业务经营者、互联网信息服务提供者
现状	调查显示,在属于网络运营者的受访企业中,有近 4 成的企业没有为客户提供删除或更正其收集、存储错误的个人信息的渠道和措施

续表

义务 7	制定网络安全事件应急预案
来源	《网络安全法》第 25 条规定，义务主体为网络运营者；《电子商务法》第 30 条第 2 款规定，义务主体为电子商务经营者
现状	调查显示，在网络运营者中，仍然有接近 2 成的受访企业未制定网络安全事件应急预案
义务 8	未经个人同意或者请求，或者明确表示拒绝的，不得向其发送商业性信息
来源	《消费者权益保护法》第 29 条规定，义务主体为经营者；《全国人民代表大会常务委员会关于加强网络信息保护的决定》之七规定，义务主体为任何组织和个人；《网络交易管理办法》第 18 条规定，义务主体为网络商品经营者、有关服务经营者
现状	调查显示，有 35.42% 的受访企业向客户发送过商业性信息，但其中仅有 3 成的企业在发送商业性信息前获得了消费者的明示同意，不到 4 成的企业为客户提供了拒绝接收商业性信息的方式
义务 9	建立网络信息安全投诉、举报制度
来源	《网络安全法》第 49 条规定，义务主体为网络运营者；《电信和互联网用户个人信息保护规定》第 12 条规定，义务主体为电信业务经营者、互联网信息服务提供者
现状	调查显示，在属于网络运营者的受访企业中，约 3 成的受访企业未建立网络信息安全投诉、举报制度
义务 10	对收集的涉经营者商业秘密的数据信息必须严格保密，不得泄露、出售或者非法向他人提供
来源	《网络交易管理办法》第 18 条规定，义务主体为网络商品经营者、有关服务经营者及其工作人员
现状	调查显示，有接近 6 成的网络经营者收集到过涉及其他经营者商业秘密的数据信息，但其中仍然有近 2 成的企业没有设置针对这些商业秘密数据信息的保护制度或措施

续表

义务 11	记录、保存平台上发布的商品和服务信息、交易信息
来源	《电子商务法》第 31 条规定,电子商务平台经营者应当记录、保存平台上发布的商品和服务信息、交易信息,并确保信息的完整性、保密性、可用性。商品和服务信息、交易信息保存时间自交易完成之日起不少于 3 年;法律、行政法规另有规定的,依照其规定
现状	调查显示,自《电子商务法》实施以来,近 9 成的电子商务经营者对信息进行了保存,但如何判断企业信息保存的完整性和可用性还有待进一步细化和明确
义务 12	配合提供数据信息的义务
来源	《电子商务法》第 25 条规定,有关主管部门依照法律、行政法规的规定要求电子商务经营者提供有关电子商务数据信息的,电子商务经营者应当提供
现状	调查显示,几乎所有的电子商务经营者都配合了有关主管部门的要求提供电子商务数据信息。但由于缺乏细化明确的规定,经营者对于提供的法定程序、提供的对象、提供的内容普遍表示担忧

七、公民保护个人数据法治意识现状

法治意识是指作为独立主体的社会成员在实践中所形成的关于法治的心态、观念、知识和思想体系的总称,是人们对法律和法律现象的看法,是对法律规范的认同中自觉程度最高的一种意识。公民法治意识的培养是法治社会构建的核心环节,在一个民族乃至一个国家迈向法治的进程中,具有举足轻重的作用。

为了进一步了解中国公民个人数据保护法治意识的现状,进而全面了解中国大数据法治发展趋势,中国政法大学互联网金融法律研究院开展了 2017 ~ 2018 年度中国公民保护个人数据法治意识调查。本次调查采用了现场访问、电话访谈和在线调查相结合的方式,针对个人数据滥用现状,公民个人数据保护意识,公民对数据滥用的维权意识,以及公民对我国保护个人数据的法律法规的满意度等问题进行了调研,共收回有效问卷 15,960 份。受访者的年龄分布情况见图 7 - 1,所从事的职业情况见图 7 - 2。本部分以调查数据的分析为基础,力争翔实客观地反映中国公民保护个人数据法治意识现状,为公民、专家学者、研究机构、政府相关部门提供真实可信的参考信息。

总体上,我国公民个人数据被滥用情况极其严重,垃圾短信、营销推送、诈骗电话使许多人饱受骚扰,不仅给其带来了精神上的困扰,也直接导致了其不同程度的经济损失。即便如此,大多数人还是选择忍耐和消极抵抗,只有少部分人选择了积极寻求救济,然而救济的结果也不如人意。与此同时,我国公民对个人数据的保护意识普遍不强,虽然意识到个人数据泄露的严重程度,但是对于保护的必要性不够重视,对保护的手段不够了解。

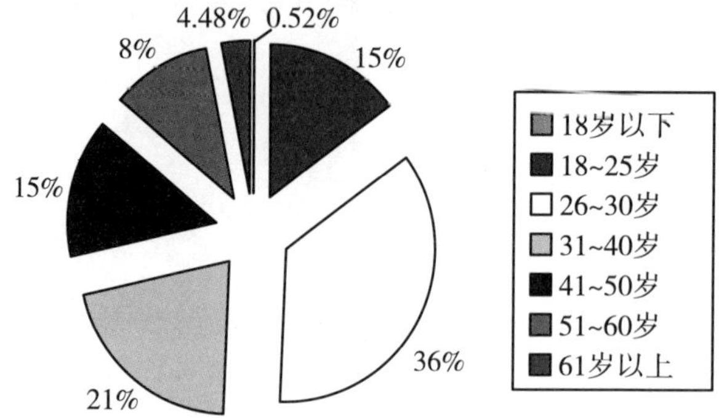

图7-1　受访者年龄分布情况

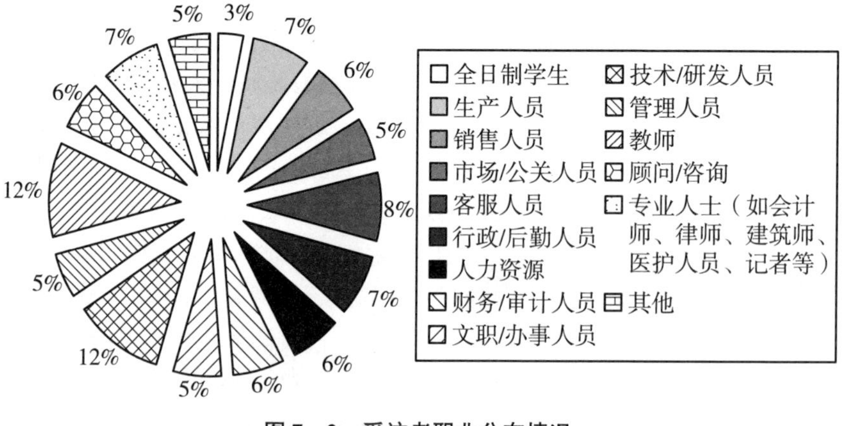

图7-2　受访者职业分布情况

(一)个人数据滥用现状

本部分基于调查数据,从公民收到的垃圾短信和骚扰电话的数量、频次、内容类型及由此引发的直接经济损失,以及由此带来的精神层面的影响,分析目前我国个人数据滥用的现状及其后果。

1. 垃圾短信、电话愈加频繁,但公民容忍度增加

调查数据显示,有近30%的受访者每月收到30条以下的垃圾短信,接近50%受访者每天平均收到1~3条垃圾短信,17%的受访对象每天平均收到

3～5 条垃圾短信，有近 8% 的受访对象每天平均接收到 5 条以上垃圾短信，见图 7－3。与 2017 年调查情况相比，大部分人收到的垃圾短信、电话数量更多、频次更高，个人受到短信与电话骚扰的情况较之 2017 年更为严重。

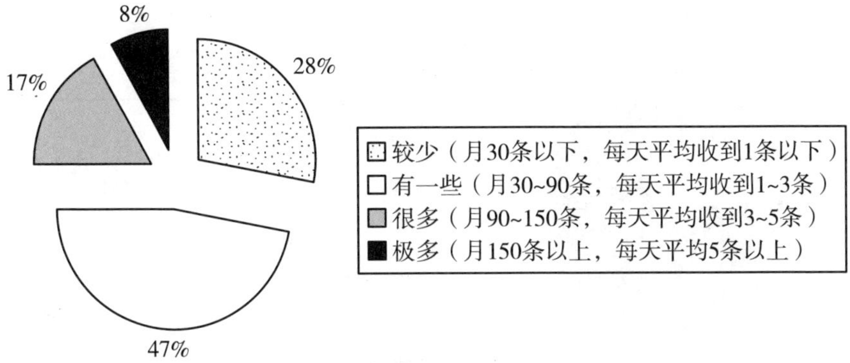

图 7－3　公民收到垃圾短信的数量

大部分受访者对于垃圾短信有普遍较高的容忍度，见图 7－4。相较于 2017 年的调查数据，受访者对垃圾短信的忍耐度提高，垃圾短信给大多数人带来的情绪或精神影响减弱。

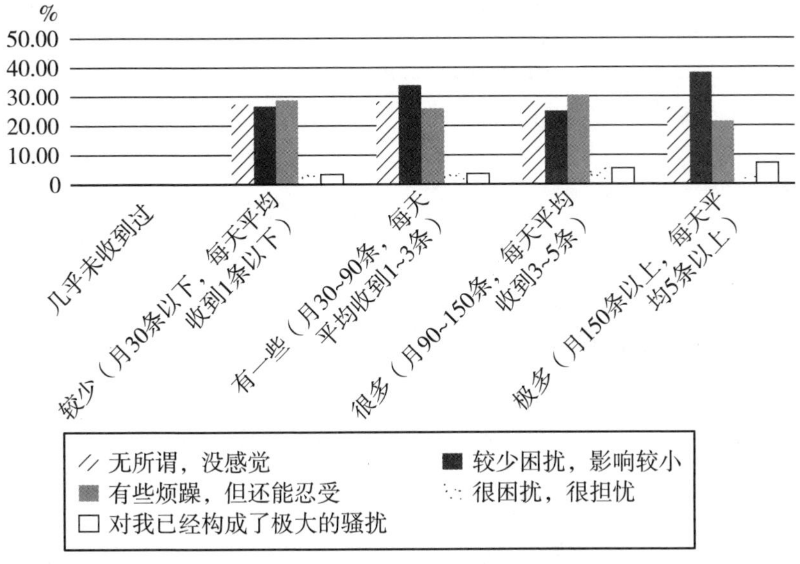

图 7－4　公民对垃圾短信的容忍度

调查显示,相较于垃圾短信,公民每天平均接到的骚扰电话较少,但几乎所有使用手机的人都收到过垃圾短信和骚扰电话,相较于2017年,骚扰电话更为频繁,见图7-5。

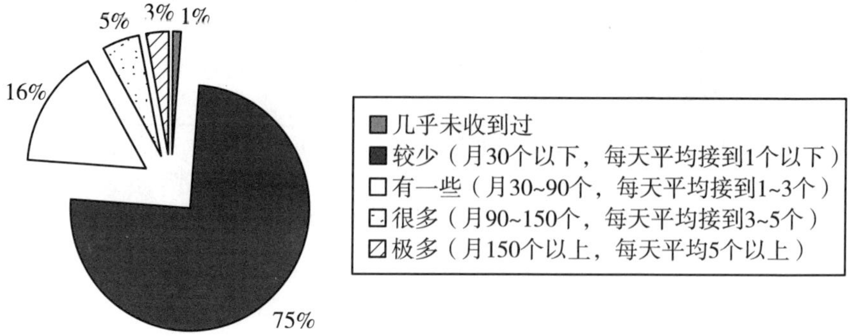

图7-5 公民接到骚扰电话的数量

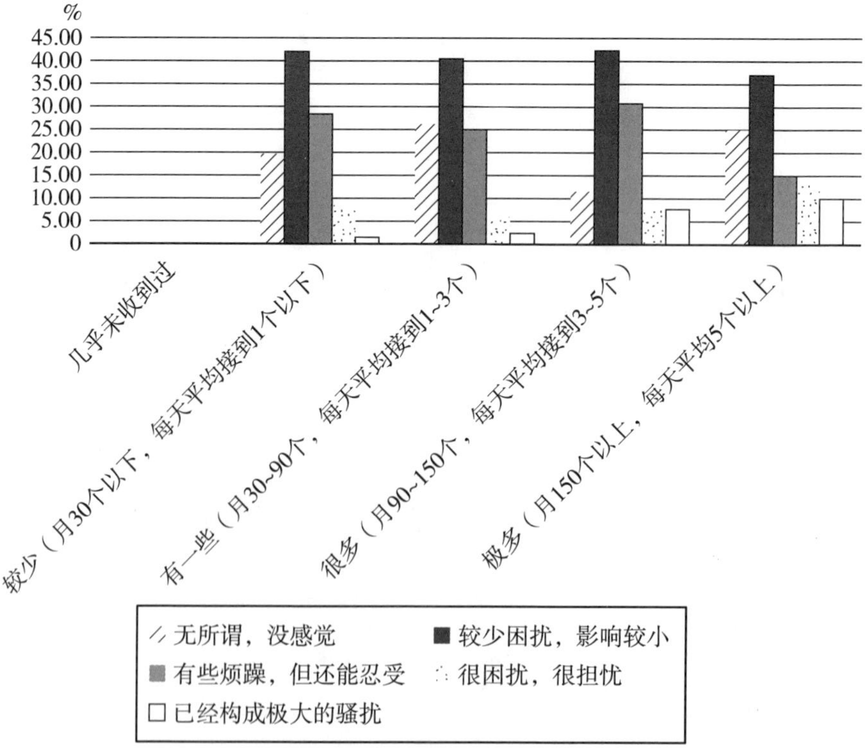

图7-6 公民对骚扰电话的容忍度

受访者对骚扰电话所表现出的容忍度低于收到垃圾短信时的容忍度，相较于2017年的数据统计，虽然受访者收到的骚扰电话更多，但是对此的忍耐程度变大。约2成左右的受访者对骚扰电话的态度已经麻木，接近5成的受访者表示骚扰电话对他们的影响较小，见图7－6。

2.个人信息泄露情况有所缓减

调查显示，有接近4成的受访者接到过知道其姓名或单位等个人信息的推销电话，但受访者从未将任何个人信息提供给对方。虽然该比例相较于2017年有所降低，但个人信息被非法提供和售卖的情况不容乐观。

同时，有接近4成的受访者在注册或使用互联网金融服务后收到大量理财、基金、期货、保险等的推销短信或电话，接近4成的受访者接到过知道其姓名或单位信息的，冒充公检法、税务机关、银行的诈骗、恐吓电话（短信），这部分泄露的情况较2017年有所缓解。有接近2成的受访者在租房或购房后，遭遇营销骚扰或诈骗电话（短信），详情见图7－7。

但是有近5成的受访者在登录公共网络（如机场免费WiFi）后，收到营销电话或短信，相较于2017年有较大增长。

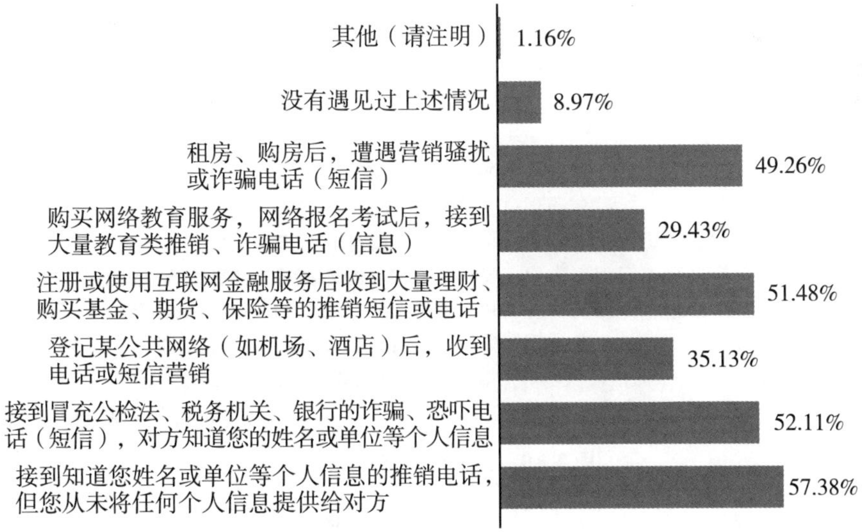

图7－7　公民接到的骚扰电话、短信类型

通过上面的数据可以看出，几乎是用户在向服务或商品提供者提供本人信息的同时，其个人信息就遭到了泄露和滥用。现代社会中，几乎每个人都是个人信息泄露的受害者,个人信息的泄露影响了其日常生活,对其造成了困扰。此类电话在对受访者造成精神骚扰的同时,还使近34%的受访者遭受到了直接经济损失,见图7-8。

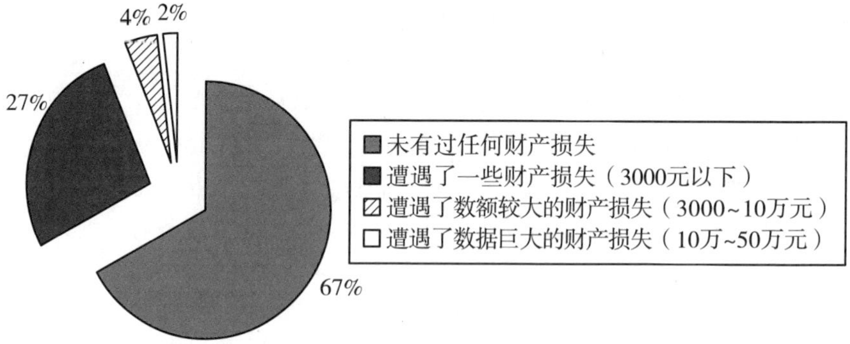

图7-8 公民接到的骚扰短信、电话所致经济损失情况

调查显示,仅有不到3%的受访者没有遭遇过电子账户被盗。接近2成的受访者曾遭遇过社交账户(如QQ、微信、微博)被盗,接近2成的受访者遭遇过电子邮箱账户被盗,不到2成的受访者遭遇过电子商务交易账户,如淘宝网账户被盗、云储存账户被盗,不到2成的受访者遭遇过互联网金融如P2P账户、网络支付账户被盗。相较之2017年的统计数据,公民电子账户被盗情况有所缓解,见图7-9。

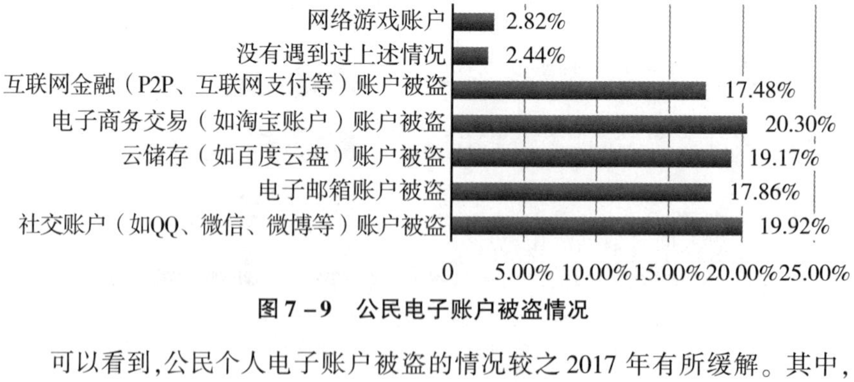

图7-9 公民电子账户被盗情况

可以看到,公民个人电子账户被盗的情况较之2017年有所缓解。其中,不到2成受访者还因此遭受了不同程度的直接经济损失,详见图7-10。接近9成的受访者认为账户被盗与其个人信息泄露有关。

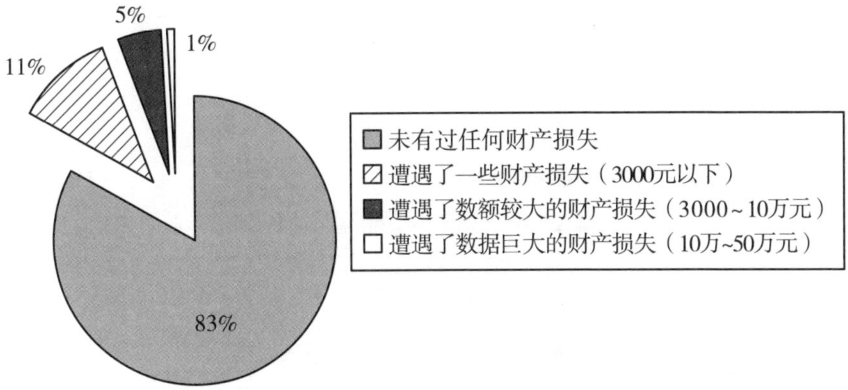

图 7－10　公民因电子账户被盗造成的经济损失

（二）公民保护个人数据法治意识现状

调查数据显示，有接近 6 成的受访者认为个人数据被滥用情况比较严重，约 3 成的受访者认为个人数据被滥用情况非常严重，见图 7－11。

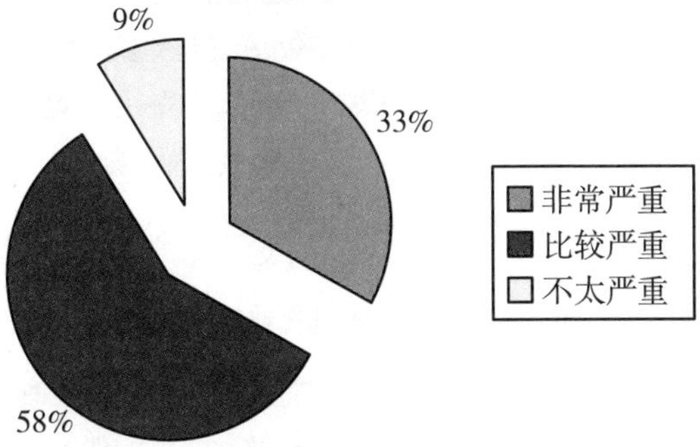

图 7－11　公民对个人数据滥用现状的认识

1. 大多数人面对数据滥用，更多人采取积极措施

调查显示，相较于 2017 年的统计数据，对于个人数据滥用的情况，采用积极措施，如报警、向媒体举报、投诉措施的受访者数量增多，见图 7－12。这种变化与个人信息保护教育增加，报警、投诉等渠道清晰和扩宽，以及社会环境更趋向于保护个人信息有关。

同时，调查还显示了公民采取忍耐或者消极抵抗的原因，详见图 7－13，主要原因在于：首先，受访者认为维权会耗费太多时间，或维权程序太复杂；其次,是数据的滥用虽然对公民造成了一些不利影响,但考虑到未造成实质或较大财产损失,公民一般就怠于追究;最后,超过 3 成的受访者表示无法获知维权渠道。

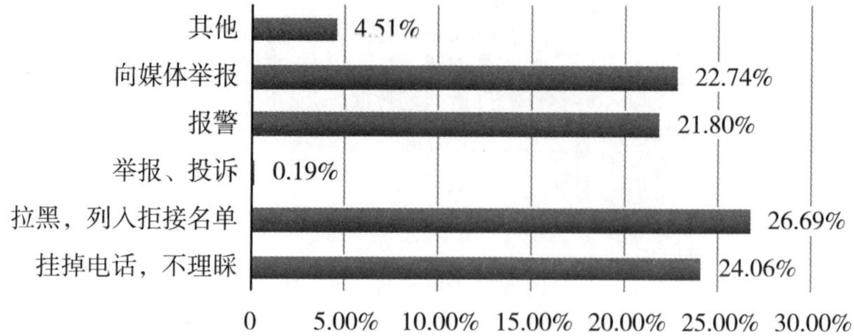

图 7-12 频繁收到短信和电话骚扰时的反应

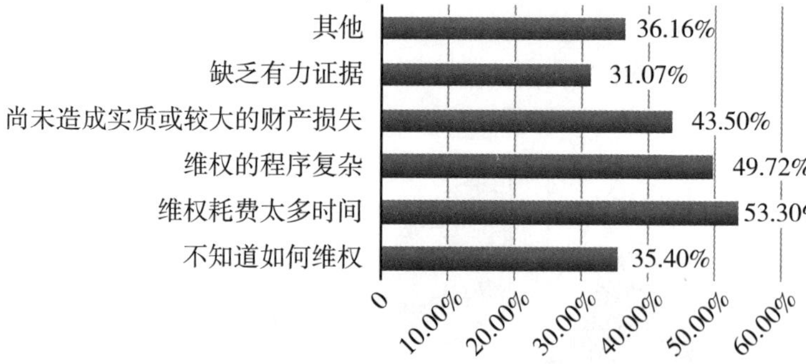

图 7-13 公民不选择维权的原因

因个人数据泄露、滥用,而遭受到财产损失使受访者采取更加主动的补救措施,未采取任何维权措施的受访者比重下降一半,见图 7-14。

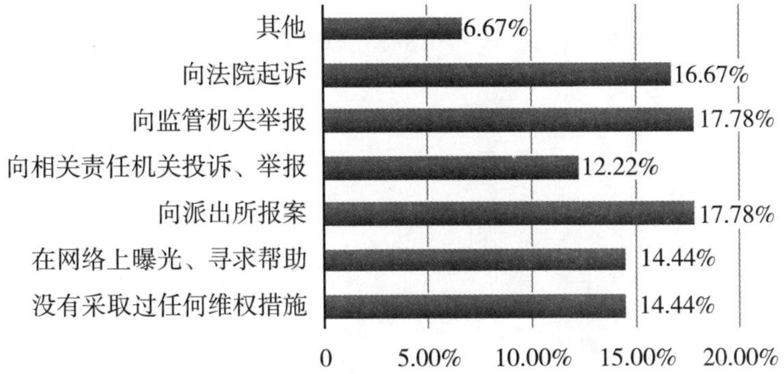

图 7－14　公民遭受财产损失后的行为情况

2. 公民对个人数据保护愈加麻木

在反思其个人数据信息的泄露是否由自身行为导致时，接近 8 成的受访者认为，下载移动客户端并填写个人信息进行注册的行为，导致了个人数据泄露。同时，办理商场会员卡、扫描商家二维码、购买金融产品和服务在内的网络购物、随意丢弃快递单以及点击短信中来源不明的链接，这些都是可能导致个人数据泄露的行为，见图 7－15。

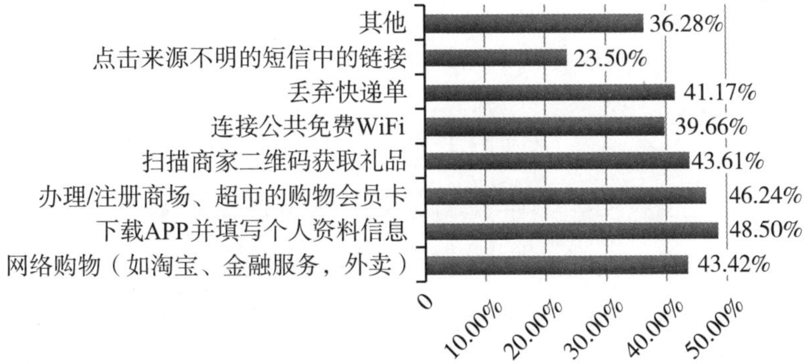

图 7－15　公民认为导致个人数据泄露的行为

接近 5 成的受访者认为下载和填写软件中的注册信息导致其个人数据泄露，但是当其下载安装移动客户端或 PC 端软件时，接近 98% 的受访者表示几乎不阅读“用户隐私与使用协议”，见图 7－16，而 2017 年的统计数据结果显示不阅读“用户隐私与使用协议”的比重仅为 37%。在为数不多阅读“用户隐私与使用协议”的受访者中，接近 9 成的受访者仅是草草浏览或选择加黑/粗条阅读,且接近8成的受访者表示如果对协议中的重要条款有异议也会继续使用软件。这再次反映出,公民对于数据滥用,以及个人数据保护趋于麻木。

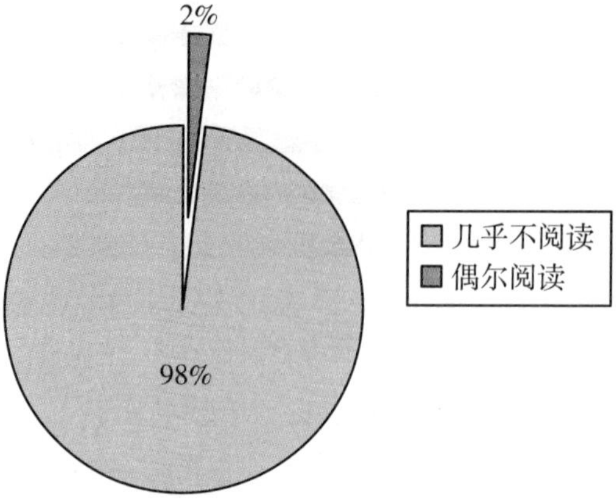

图7-16 公民对用户隐私与使用协议的阅读情况

大多数公民不再关注"用户隐私与使用协议"的原因是多种因素共同作用的结果,最主要的,首先是受访者认为阅读很麻烦;其次是受访者认为即使不同意,也需要使用软件;最后是受访者认为阅读与否不重要,见图7-17。这反映出在便利性和安全性中,大多数公民不自觉地选择了效率的价值观念,公民更倾向于用便利性换取安全性。

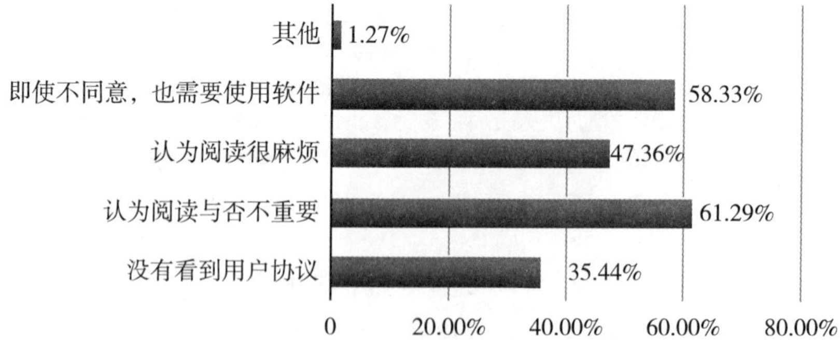

图7-17 公民不阅读用户隐私与使用协议的原因

总体来说,公民个人数据泄露、滥用的情况较之于2017年更为严重,但是公民对于个人数据泄露、滥用情况的忍耐程度却更高。虽然公民受到有关保护个人数据的教育更多,但是由于在使用软件过程中意思自治受到限制,以及保护个人数据耗费的时间与精力成本较多而收效甚微，以至于大多数的公民选择放弃了对个人数据的保护。在意识上明知应保护，而在行动上却在便捷性和安全性中选择了便捷性。这也反映出公民与服务或产品供应商之间实质交易地位的不平等问题长期存在，且缺乏矫正不平等的有效措施，进而对公民个人数据保护的法治意识造成了不利影响。

八、大数据交易中心综述

（一）大数据交易现状

在知识经济时代，大数据已经成为一种新兴的生产要素，对社会经济的发展产生广泛而深远的影响。大数据产业成为推动产业转型，技术进步，经济发展的重要因素。

根据贵阳数据交易所发布的《2016 年中国大数据交易白皮书》，在 2014 ~ 2016 年这 3 年时间内，我国大数据产业规模实现了 2 倍增长，市场规模由 1038 亿元增长到 2485 亿元。同时，根据贵阳大数据预测，中国大数据产业规模可能达到 13, 626 亿元。中国正处于产业结构转型的关键时期，由劳动密集型产业向现代服务业转型要求知识和技术作为核心竞争力。中国的大数据产业蕴藏着巨大的发展潜力，大数据交易市场的发展将会极大地促进信息互通和共享，释放巨大的经济效益，为发展知识经济和产业结构转型助力。

近年来，在政府大力支持的有利背景下，大数据企业迅速成长，中国的大数据产业链雏形已经初步形成。大数据的商业价值凸显，大数据交易愈加频繁，为了满足大数据市场的需求，各类大数据交易中心随之成立，其主要功能是为数据交易搭建平台并通过创制交易规则来规范大数据交易市场。2010 年以后全国大数据交易中心的数量大幅度增加；交易品种更加细化,基本涵盖了生产生活和消费娱乐等各方面;同时,交易平台公布的交易规则和服务协议促进大数据交易市场日趋规范。但是,中国的大数据交易市场仍然处于初级阶段,大数据交易过程中以及交易平台建设过程中出现了许多问题,需要进一步的规范和引导以避免大数据交易陷入混乱局面,真正促进大数据交易的良性发展,使其成为经济建设的翅膀。

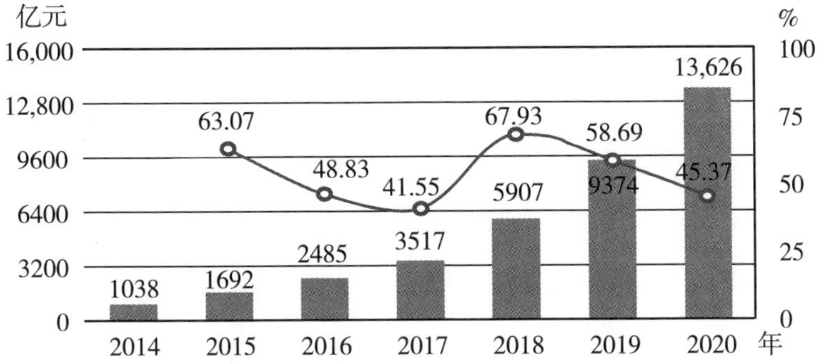

图 8-1 2014~2020 年中国大数据市场规模及增长率

数据来源:贵阳大数据交易所。

(二)大数据交易平台概述

大数据交易平台是数据产品交易的重要场所,平台提供展示数据产品的空间,买卖双方通过平台进行大数据交易。为了分析中国大数据交易平台建设和发展的基本情况,本次共统计了全国 59 家大数据交易平台,主要分析了大数据交易公司成立的时间分布,大数据交易公司的地域分布,交易平台的组织形态及主要股东的性质,产品类型、定价方式以及管理模式与服务对象。①

1. 大数据交易平台成立的时间分布

总体上来看,从 2000 年至今大数据交易平台在数量上有显著增长。2000~2004 年有 2 家大数据交易公司成立,分别是北京百度网讯科技有限公司和北京国政通科技有限公司,该阶段我国的大数据交易刚刚起步,大数据交易开始萌发。2005~2009 年,有 5 家大数据交易公司成立,贵阳大数据交易

① 本部分数据及信息统计时间截至 2019 年 2 月 20 日,数据获取来源主要为网络检索和各交易公司或平台官网,网络检索的关键词为“数据”“交易”等关键词。我们已尽力实现相关信息的真实性、完整性和全面性,但并不对其准确性做出任何明示或隐含的保证。

所有限责任公司于2005年4月8日在贵阳市登记成立,但是贵阳大数据交易所于2015年4月14日正式挂牌运营。贵阳大数据交易所是我国乃至全球第一家大数据交易所,截至2018年该所拥有超过2000家会员,接入数据源达到225家,率先进入规模化发展的阶段。2010年至今有59家大数据交易公司成立,真正实现了数量规模的突破(见图8-2)。总体来说,从2000~2018年,大数据交易公司的数量呈现出明显的增长趋势,从第一个5年的2家公司到2018年的59家公司,18年的时间内呈现出从无到有,再到飞速发展的局面。大数据交易平台成立的时间分布说明我国大数据交易呈现出时间短、发展快的特征,但是距离真正实现规模化和正规化发展还有一段距离。

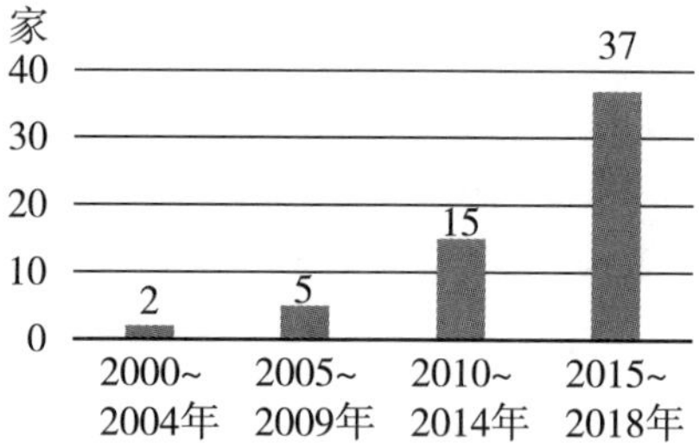

图8-2 数据交易公司成立数量(2018年12月前)

2. 大数据交易平台的地域分布情况

由于经济技术等多种因素的影响,我国的大数据交易公司集中在以北京为中心的京津冀地区,以上海为中心的长三角地区,以广东省为中心的珠三角地区。北京市的数量最多,达17个。相对于中国的其他省市,北京市的大数据交易平台在数量和质量方面具有优势。其次是广东省,在本次统计的交易平台中广东省有6家,分别是数读、南方大数据、千数堂、数多多、极数宝以及iDataAPI。第三个梯度包括上海市、江苏省、安徽省和浙江省,其中浙江省有5家,安徽省有5家,其他两个省市均有4家。第四个梯度包括东北地区的黑龙江省、吉林省、辽宁省,京津冀地区的天津市和河北省,中西部地区的陕西省、湖北省、重庆市、贵州省、四川省,这些省市的数量都在4个以下,大部分只有1~2个。根据地域分布情况可以清楚地看到,西北地区的大数据交易平台建设还未起步,总体上在大数据交易方面东部优于西部。根据相关报道,乌鲁木齐正在申请建设亚欧大数据交易中心,该交易中心的建设将会带动西部地区大数据产业的发展,在经济全球化的大背景下能够促进大数据的跨国交易。

3. 大数据交易平台的组织形态及主要股东性质

根据统计结果，本次统计的59家大数据交易公司主要分为两类，即有限责任公司和股份有限公司。其中有限责任公司共有50家，占比超过80%；股份有限公司共有7家，仅占12%左右；另外，安徽大数据交易中心有限公司和河北大数据交易中心有限公司的具体信息暂时无法收集（见图8－3）。在50家有限责任公司中，主要股东是国有独资或国有控股有限责任公司的共有4家，分别是贵阳大数据交易所有限公司、重庆网信大数据管理有限公司、沈阳大数据运营有限公司、黔东南州集美大数据发展有限责任公司。北京京东尚科信息技术有限公司的主要股东是台港澳法人独资的有限责任公司。大部分有限责任公司类大数据交易平台的大股东仍然是普通的有限责任公司，这种类型的公司共有15家，在有限责任公司类交易平台中占比达到28%。自然人投资的大数据交易平台数量最多，达到23家，占比高达46%。除此之外，上市公司、有限合伙是大股东的交易中心分别有3家和2家（见图8－4）。虽然政府以积极的态度鼓励大数据交易的发展，一些地方政府为了响应“一带一路”倡议与私人企业合作设立大数据交易服务平台，但是根据本次的统计可知，民间力量是推动大数据交易市场发展的主力军。

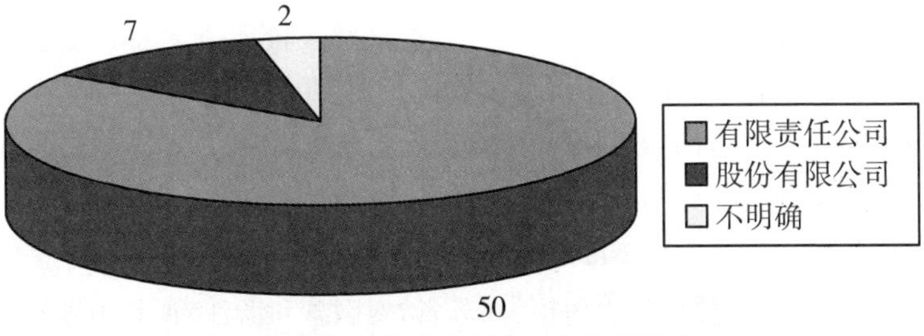

图8－3　大数据交易中心的组织形态

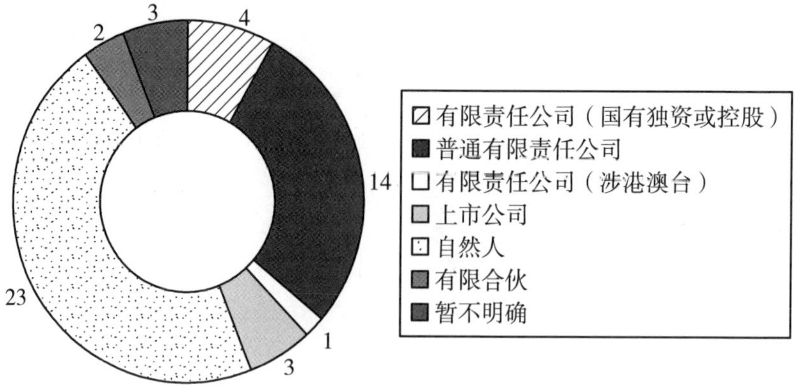

图8－4　有限责任公司类交易中心主要股东身份

4. 大数据交易平台的产品类型及定价方式

可交易的数据产品的类型主要体现以下三个方面的特征:第一,数据产品种类丰富。目前,大部分交易平台按照行业特征对数据产品做了十分细致的分类,数据产品涵盖金融、政府、医疗、社会、能源、社交等30多个领域,能满足不同类型主体的信息需要。第二,数据产品行业分布不均衡。生产生活、消费娱乐、政务信息、投资理财等领域的数据产品的开发比较成熟,但是电信、银行、法律、文化等行业的数据产品比较匮乏。第三,打造核心数据产品成为主要的竞争策略。综合性大数据交易平台提供的数据产品涉及多个领域,少数单一化交易平台只提供一个类别或者少数几个类别的数据产品的交易。虽然综合性交易平台提供的数据产品涉及范围广,但是各个交易平台都在着力打造自身的核心业务。例如,钱塘大数据交易中心重点开发工业大数据产品,而上海大数据交易中心更侧重于营销应用与征信应用。为数不多的偏单一方向的交易平台包括青岛中州国际航运大数据交易中心有限公司专门提供航运大数据,北京国政通科技有限公司依据全国公民身份信息系统提供诚信信息服务,华云数据集团有限公司经营企业大数据。

本次统计的59家交易平台基本建立了网上交易平台,并开展了线上交易。交易平台通过网站展示数据产品,交易双方需要在该平台进行注册并取得账号。数据产品定价方式主要包括以下几种:

(1)卖方自主定价模式

以阿拉丁大数据和华中大数据交易所为代表的大数据交易平台在交易规范中赋予数据卖方自主定价权,卖方作为享有数据所有权的主体可以选择平台支持的方式自行定价出售,如果卖方不能确定价格可以委托交易平台的专业人员进行价值评估。

(2)交易双方协议定价模式

以发源地为代表的交易平台在服务协议中规定平台不介入买卖双方的交易过程,仅提供供求撮合平台。

(3)卖方依标准定价模式

这类定价模式中卖方的定价权受到一定的限制,必须依据事先约定的标准对数据产品进行定价,天元数据在合作协议中约定数据定价依照《数据服务价格表》,并约定卖方提供的提货价不能高于提供给其他平台或其他第三方的价格。

(4)自动计价模式

《贵阳大数据交易所702公约》中规定贵阳大数据交易所根据每一数据品种设计自动的计价公式,数据买方可以通过交易系统查询每一类数据的实时交易价格。

5. 大数据交易平台的管理模式与服务对象(见表8-1)

表8-1 大数据交易中心的管理模式与服务对象情况汇总(2018年12月前成立)

序号	名称	所属公司	管理模式	会员数量/合作伙伴(家)	服务对象	备注
1	贵阳大数据交易所	贵阳大数据交易所有限公司	会员制	2000	单位	—
2	上海大数据交易中心	上海数据交易中心有限公司	注册制/协议约束	23	单位	—
3	武汉东湖大数据交易中心	武汉东湖大数据交易中心股份有限公司	注册制/协议约束	10	自然人+单位	—
4	华东江苏大数据交易平台	华东江苏大数据交易中心股份有限公司	会员制	—	自然人+单位	—

续表

序号	名称	所属公司	管理模式	会员数量/合作伙伴（家）	服务对象	备注
5	重庆大数据交易市场	重庆网信大数据管理有限公司	—	10	—	—
6	长江大数据交易中心	武汉长江大数据交易中心有限公司	—	—	—	—
7	浙江大数据交易中心	浙江大数据交易中心有限公司	会员制	123	—	—
8	哈尔滨数据交易中心	哈尔滨数据交易中心有限公司	会员制	10	单位	—
9	华中大数据交易所	湖北华中大数据交易股份有限公司	会员制	6	自然人+单位	—
10	钱塘大数据交易中心	杭州钱塘大数据交易中心有限公司	注册制/协议约束	12	自然人+单位	—
11	数据堂	数据堂（北京）科技股份有限公司	注册制/协议约束	—	自然人+单位	—
12	北京大数据交易服务平台	—	—	—	—	—
13	优易数据	国信优易数据有限公司	会员制	—	自然人+单位	—
14	聚类	类聚数据技术（北京）有限责任公司	会员制	9	自然人+单位	—
15	数读	广东数读信息技术有限公司	会员制	—	—	—

续表

序号	名称	所属公司	管理模式	会员数量/合作伙伴（家）	服务对象	备注
16	发源地	上海连源信息科技有限公司	协议注册制/协议约束	—	自然人+企业法人	—
17	京东万象	北京京东尚科信息技术有限公司	会员制	82	自然人+单位	服务商应当具有会员资格
18	九连环大数据平台	九次方大数据公司	—	24	—	—
19	数据宝	贵州数据宝网络科技有限公司	会员制	—	自然人+单位	—
20	阿里云数据市场	阿里云计算有限公司	会员制	6	自然人+单位	服务商应当具有会员资格
21	百度APIStore	北京百度网讯科技有限公司	注册制/协议约束	20	自然人+单位	—
22	数据淘	成都知数科技有限公司	协议注册制/协议约束	—	自然人+组织	—
23	火车采集器	合肥乐维信息技术有限公司	协议注册制/协议约束	—	自然人+单位	—
24	大数据采集器	合肥乐维信息技术有限公司	协议注册制/协议约束	—	自然人+单位	—
25	河北大数据交易中心	—	会员制	142	—	—

续表

序号	名称	所属公司	管理模式	会员数量/合作伙伴（家）	服务对象	备注
26	中关村树海大数据交易平台	北京数海科技有限公司	—	—	自然人＋单位	—
27	西咸新区大数据交易所	西咸新区大数据交易所有限责任公司	会员制	—	自然人＋单位	—
28	安徽大数据交易中心	安徽大数据交易中心有限公司	会员制	—	—	—
29	青岛大数据交易中心	青岛大数据交易中心有限公司	会员制	6	单位	—
30	南方大数据交易中心	深圳南方大数据交易有限公司	—	—	—	—
31	东北亚大数据交易中心	吉林省东北亚大数据交易服务中心有限公司	—	—	—	—
32	千数堂	深圳中商情大数据股份有限公司	会员制	—	自然人＋单位	—
33	iDataAPI	广州简亦迅信息科技有限公司	会员制	7	自然人＋单位	区别普通用户和会员用户
34	抓手数据	中青联盟大数据研究（北京）有限公司	—	—	—	—
35	中国管理大数据交易平台	中源数聚（北京）信息科技有限公司	—	—	—	—

续表

序号	名称	所属公司	管理模式	会员数量/合作伙伴（家）	服务对象	备注
36	数多多	深圳视界信息技术有限公司	会员制	—	自然人+单位	服务商应当具有会员资格
37	光谱数据	东华光谱大数据技术有限公司	—	6	自然人+单位	—
38	聚合数据	天聚地合（苏州）数据股份有限公司	会员制	40	自然人+单位	—
39	国云数据	苏州国云数据科技有限公司	—	—	—	—
40	阿拉丁大数据	北京阿拉丁立方信息技术有限公司	会员制	15	自然人+法人	—
41	墨高电子	宁波墨高电子科技有限公司	—	—	—	—
42	极数宝数据	广州极数宝数据服务有限公司	—	—	—	—
43	震九信息	震九信息科技（上海）有限公司	—	—	—	—
44	极速数据	杭州艺彩网络科技有限公司	会员制	—	—	—
45	数粮	北京数粮信息科技有限公司	注册制/协议约束	—	自然人+单位	—
46	沈阳大数据运营	沈阳大数据运营有限公司	—	—	—	—

续表

序号	名称	所属公司	管理模式	会员数量/合作伙伴（家）	服务对象	备注
47	网聚宝	全域大数据产品交易中心有限责任公司	—	12	—	—
48	—	廊坊大数据应用服务有限公司	—	—	—	—
49	—	青岛中州国际航运大数据交易中心有限公司	—	—	—	—
50	—	北京久其智通数据科技有限公司	注册制/协议约束	—	自然人＋组织	—
51	—	成都绿欣因特睿大数据有限公司	—	—	—	—
52	—	黔东南州集美大数据发展有限责任公司	—	—	—	—
53	云海大数据交易中心	宣城云海大数据有限公司	—	—	—	—
54	—	北京集奥聚合科技有限公司	—	—	—	—
55	—	北京国政通科技有限公司	—	—	—	—
56	天元数据	浪潮卓数大数据产业发展有限公司	注册制/协议约束	11	自然人＋单位	—
57	网聚宝	上海云贝网络科技有限公司	—	12	—	—

续表

序号	名称	所属公司	管理模式	会员数量/合作伙伴（家）	服务对象	备注
58	华云数据	华云数据集团有限公司	—	6	—	—
59	大海洋数据服务平台	安徽数洋科技有限公司	注册制/协议约束	—	自然人+单位	—

(1)根据管理模式分类

A. 会员制交易平台

会员制交易平台包括两类:第一类用户注册取得交易平台会员资格则同时具备买卖数据产品的资格,会员应当接受交易平台制定的关于会员管理的规定;第二类仅要求服务商注册成为会员并接受会员协议的约束,而买家需要在交易平台注册取得账号并接受注册协议的约束。会员制交易平台有权对会员的相关产品和行为进行审查,对于违反规定的会员交易平台可以采取终止服务、冻结账号、注销账号等惩罚措施,对于不符合规定的数据产品可以进行删除。部分交易平台在服务协议中设置纠纷协调条款,用户与服务商之间产生纠纷后可以申请交易平台进行协调。

B. 注册制交易平台

注册制交易平台要求交易双方注册取得交易账号并同意交易平台制定的用户服务协议或者用户注册协议。注册制交易平台将自身定义为第三方服务平台,不介入交易双方的交易,不对交易双方的行为进行审查,仅仅履行与账号维护相关的义务。此类平台所提供的服务协议属于交易平台单方制定的格式合同,用户只能选择接受,否则将无法使用协议。交易平台往往通过格式条款规定交易平台有权单方修改服务协议且无须通知用户,甚至对服务的安全性、准确性、及时性都不做担保。

(2)根据服务对象分类

交易平台的服务对象包括自然人、法人、企事业单位、政府等主体,因此按照服务对象的不同可以将交易平台分为仅为单位(包括法人)服务的交易平台和自然人与单位均能参与的交易平台。

A. 以单位(包括法人)为服务对象的交易平台

贵阳大数据交易所、青岛大数据交易中心规定交易商会员仅限单位,会员单位应当按照相关程序完成注册并取得会员资格以后才能从事数据交易,上海大数据交易中心仅向企事业单位开放成员申请,成员单位基于共同的数据互联规则,分别担任供应方、需求方等成员角色,享有并承担相应角色的权利与义务。

B. 以自然人和单位为服务对象的交易平台

目前,为自然人和单位均提供服务的交易平台的数量远远多于仅为单位提供服务的平台,本次统计的 59 家中共有 21 家。大部分交易平台在服务协议中规定接受服务的自然人应当具备完全民事能力,若使用人不具备相应主体资格,则交易平台有权采取措施并追责。少数交易平台对此没有限制,未成年人亦可通过注册程序成为用户。

(三)大数据交易平台发展过程中面临的主要问题

1. 地区间分布不平衡

从地域上看,大数据交易平台集中分布在东部经济发达地区,东部、中部和西部的发展规模呈现出阶梯式递减的特征。由于经济和技术等条件的限制,西部地区的数据交易市场建设尚处于筹划或者起步阶段,西部地区在地质地貌、农业生产、生态资源、文化遗产等方面的数据潜力尚未释放。

2. 服务能力参差不齐

大数据交易平台建设中一个显著的特征就是行业内部发展能力差异大、发展程度差异大。早期成熟的互联网公司依据自身的先发优势具有较强的建设交易平台的能力。一方面,这类平台的管理能力较强,通过设置完备的协议条款进行规范管理;另一方面,这类平台依据自身的技术优势和数据资源优势,在网站的运营维护和数据产品开发中占据绝对优势。另外,政府支持下建设的大数据交易平台则具有政策方面的优势,一个最明显的特征是政务数据是这类交易平台的重要数据来源。以贵阳大数据交易所为代表的政府主导型交易平台致力于制定和完善大数据交易规则,因此这类交易平台还具有管理优势。然而,占据较大比例的中小交易平台却缺乏平台建设运营能力以及制定管理规则的能力。总体来说,服务能力参差不齐是大数据交易平台发展的一个显著特征。

3. 数据产品发掘不充分

金融数据、企业数据、消费娱乐数据等行业的数据产品普遍具有容易获得且受众范围广等特征,因此绝大部分交易平台均提供此类数据产品。但是出于保护个人隐私信息的需要有些行业的数据获取门槛较高,如银行和电信,一般主体很难获得数据获取渠道;另外一些受众面狭窄的行业,如文化行业,由于经济效益不足导致这些行业的数据没有得到全面的开发。因此,我国的行业数据并未充分且有效地发掘,数据交易的潜力尚未真正释放。

4. 行业规范和交易标准不统一

我国数据交易仍然处于初级阶段,尚未建立全国统一的数据交易市场。目前规范数据交易主要是依靠交易平台自行制定的交易规则或者提供的服务协议,缺乏全国统一的行业规范和交易准则。在此背景下,交易平台对买卖双方的监督管理权限依据平台和交易双方签订的协议确定,这导致一部分交易平台无法对数据产品和交易进行有效监督,不利于维护数据交易的安全和公平,并最终会阻碍数据交易市场的发展。行业交易标准不统一主要体现在两个方面:数据产品分类标准不统一和数据产品定价标准不统一。数据分类标准不统一必然导致无法公平合理地确定数据产品的价值,进而导致无法制定统一的产品定价标准。数据产品的价值与价格不相符会引发不公平交易,导致数据交易市场出现混乱局面。

九、中国大数据法治现存问题

(一)数据权利体系尚待构建

大数据已成为社会发展的新动能、新资源,提供了诸多便利,如利用大数据实现精准决策、精准医疗和精准服务等。然而,在大数据在开发与应用的同时,出现了诸多数据不当使用的乱象,数据非法收集、滥用、泄露、非法买卖,轻则影响人们的生活安宁,重则侵犯个人隐私权和财产,更有甚者使人身安全和国家安全受到了严重威胁,数据保护势在必行。要实现数据保护应以明确和完善的数据权利体系为基础,在此基础上对体系内的各项权利进行针对性的保护。

数据权利体系是多维度的,不同类型的数据客体及相关主体确定或赋予不同权利内容,同一种数据类型在不同的数据法律行为中其权利内容也不完全相同。需要对数据主权、数据财产权、隐私权、个人信息权、知识产权等相关权利的具体内容加以区分并有针对地寻求保护路径。个人数据、商主体数据、政府数据及其他组织数据中,涉及国家安全、国家利益的,在我国的对外关系方面中具有数据主权的权利属性。数据的财产权属性体现在数据交易的过程中。数据交易体现了数据的经济价值,在增进大数据应用经济效益的同时,要衡量公平、安全等长远价值。隐私权保护是对个人生活安宁和人格尊严的保障。从数据中可以提取信息,信息承载着知识,明确大数据的信息权权利属性,有利于保障公民的知情权,增进公权力机关与人民的交流,推进社会治理的法治进程。大数据知识产权的权利属性在商主体数据的交易数据中体现最为明显,完善对知识产权数据的保护,有助于增强企业创新的积极性。

数据权利体系的研究是制定数据资源确权、开放、流通、交易相关制度,完善数据产权保护制度的起点和基石。基于此,只有进一步深化数据权利体系的研究,才能够逐步构建以数据权体系为核心的多元权力、权利系统为基础的新型法律制度,实现数据法治。

(二)信息安全和数据保护仍需加强

随着大数据技术应用范围的越加广泛,数据资源正越来越多地在社会的进步和发展中展现其巨大价值。但是,在信息化发展为个人、企业、政府乃至整个社会带来便利的同时数据信息的安全隐患也随之产生。金融、教育、医疗等组织机构为了加强自身管理、优化产品服务都会向用户收集涉及个人隐私的数据和信息。然而,这些机构在数据存储、处理、使用的过程中,由于内部工作人员的技术水平或数据安全意识不足、数据管理系统存在漏洞等原因,常常难以保证数据和信息的安全,使数据遭受非法访问或窃取,用户隐私信息泄露的事件频频发生。这也恰恰说明了,各行业在追逐数据所带来的机遇和便利的同时,对于信息和数据的保护却并没有足够关注,甚至过半的个人数据泄露事件是由于机构内部人员利用职务之便窃取用户数据所产生的。

近年来,出于对个人信息保护和数据安全的重视,我国正在不断完善相关法律法规并制定相关监管文件,但是除了制度的完善,还需推进数据保护技术的改进和推广,同时加强公民对个人数据信息的保护意识,加强企业依法合规收集、使用数据的自觉性。从技术层面,可以通过推广数据安全评估、数据脱敏、数据加密和访问控制以及数据分级保护等措施,完善各行业机构的数据系统安全度,避免来自外部的非法访问、窃取等侵害行为。从观念层面,一方面,企业自身应明确认识到数据的利用与保护是一体两面的,只有在保障数据安全的前提下,才能实现数据产业的可持续发展,非法手段获取信息的行为无异于杀鸡取卵;另一方面,应加强对公民的数据安全意识教育,使其树立个人信息和个人数据的保护意识,切莫贪图一时的利益而泄露个人隐私,致使自己的财产安全和人身安全遭到侵害。

(三)数据资源利用有待规范

随着互联网技术的不断发展、迭代,数据的分析处理已应用于社会生活的方方面面,影响着政府决策、企业营销,甚至每个普通人的工作和生活。数据资源的开发利用情况不仅决定着大数据、区块链、人工智能等技术的发展前景,还将对国家的经济发展、社会发展产生巨大影响。可以说,在当前数字信息化的时代浪潮当中,数据资源已成为国家发展的基础性战略资源。

然而,目前我国的数据资源仍无法全面有效打通,“信息孤岛”的现象仍然存在,且由于我国地大物博、人口众多、区域发展不均衡等固有特征,要化解“信息孤岛”现象并非一朝一夕可以实现。信息壁垒是我国实现数据资源全面统筹、合理配置、高效利用的最大障碍,这也使大数据技术在服务国家整体发展等方面的功能发挥受到了局限。

我国正处于变革发展的时期,社会经济、政治、文化等各个领域都迸发出数量庞大、日益更新的信息资源,随着大数据时代的来临,公众的数据意识迅速提升,社会各界对于政府数据资源的治理能力提出了更高要求。政府要具备较强的对数据资源收集、处理、分析、利用的能力,才能更好地发挥其数据治理职能。当前,我国的数据治理工作尚处于发展初期,各地的数据治理水平良莠不齐,从监管机构的设立到相关顶层规则的制定都呈现出极不均衡的态势,各地政府仍需树立数据治理意识、提升数据治理能力、完善数据治理制度,以期提升我国整体的数据治理情况。

(四)政府数据开放与共享工作仍待推进

政府数据开放的意义,不仅在于对公民知情权的尊重,还是为了使数据资源实现自由流动,推进政府工作的高效化、透明化发展。政府数据开放能够催生创新和经济增值,推动信息经济的发展,对促进我国经济增长、提升我国的国际竞争力具有积极价值。

政府数据共享的意义,则是为了消除“数据孤岛”、适应电子政务建设、避免重复建设,从而提升政府的公共服务效率和效能,提高政府的科学决策水平。政府数据共享实质上是对于政府信息资源的统筹与利益调整,将政府部门占有的信息特权归还给其他政府部门与社会公众。

目前,我国的政府数据开放共享工作正在不断推进,中央层面,已有十余个部委发布了与其职责相关的专项政务信息资源共享相关规范性文件;地方层面,已上线的政府数据开放平台达 57 个,28 个省级政府出台了政务信息资源共享相关规定和实施方案,104 个副省级与地级政府制定了相应办法与方案,7 个省级政府发布了有关政府数据开放的文件,10 个副省级和地级政府在政府数据开放的制度建设方面取得了进展。

尽管我国正在积极推动政府数据的开放与共享,但其进程中仍然存在诸多障碍,如数据开放与共享的顶层设计不够完善,数据开放与共享的相关法律法规较为滞后,政府各部门之间仍然存在管理与政策壁垒,以及数据开放共享过程中供给与需求脱节,数据开放共享过程中可能侵犯公民隐私权等问题。

因此,要进一步推进政府数据开放与共享,使该项工作能够切实发挥其提高政府工作效率、数据资源利用效率的作用,仍需不断探索,从多个角度对政府数据开放共享工作进行完善。第一,政府需从根本上转变管制与保密的数据治理工作理念,将不涉及国家利益和公共利益的数据通过开放与共享转化为公共的数据资源,最大限度地实现其社会价值与经济价值。第二,建立科学合理的政府数据开放共享体系和具有实践操作性的数据开放共享政策,将数据开放共享的思维落实到具有操作性和强制力的规则体系之中。第三,需建立政府内部的数据共享机制,统筹兼顾各部门的实际情况与需求,从制度上制定数据共享的具体路径,从技术上建立更具兼容性的数据平台,实现政务数据采集与汇报系统的无缝整合,真正将不同部门的数据整合在一起,提高数据利用效率,实现跨部门的协同共同治理。第四,在政府数据开放共享的实践中,应注重数据资源的质量与开放共享工作的实效,充分考量公民对数据开放内容的真实需求,从而使数据开放共享工作脱虚入实,最大限度地发挥其社会效益。第五,政府在进行数据采集及数据的开放共享时,应事前告知公民其何种信息被收集、用途为何等,充分尊重公民对其个人数据和个人信息所享有的权利;同时还应在发布数据时进行必要的敏感清洗,以保证政府所开放共享的信息不会被二次利用于违法犯罪行为,对公民的合法权益造成侵害。

(五)大数据监管尚不完善

目前,我国大数据监管主要存在以下 4 个方面的问题:

一是监管主体框架未确立。我国现有法律中对监管机构的授权仅是在各自所涉及的领域内提及数据保护,并无对信息监管职能的统一规划。例如,在《网络安全法》中有关关键信息基础的设置和个人信息的保护,主要的统筹协调机关是国家网信部门,而涉及刑事或者电信、互联网用户的信息安全,则由公安部门和国务院电信主管部门(工业和信息化部)及其他有关机关在各自职责范围内负责监督管理工作。各省市内有关大数据发展的文件中,也是对监管进行了多层次、多领域监管。由此,容易产生权责不清、交叉执法的现象。

二是中央与地方监管协调机制未确立。以数据安全监管为例,《网络安全法》规定数据安全监管由国家网信部门进行统筹协调,并明确了其监管权责。其他各领域的有关监管机关均在各自职责内负责网络安全以及个人信息保护工作,彼此配合。具体到地方层面:地方数据安全监管工作则由省一级网信部门(接受网信办垂直领导的省一级行政机关)统一领导和协调。主要工作是向省级人民政府汇报工作,但在业务上主要接受国家网信部门的领导。省级网信部门具体负责本省级行政区的数据安全监管并协调其他相关执法部门的工作。中央与地方监管机制未协调一致,权责分配错乱。

三是监管手段落后。数据产业具有高度技术化的特征,表现在收集、存储、处理、使用等各数据应用行为均具有鲜明的专业化和技术性,且数据行业中的违法违规行为大多具有高度的隐蔽性,因此监管方法和监管手段需科技化、灵活多样化,但我国一些地区的监管机构依然利用传统的互联网安全保护思维,缺少监控和预警机制,不能及时、准确地辨别数据类型及敏感度,工作效率较低。

四是监管系统内人才资源缺乏。根据《第十一届网络空间安全学科专业建设与人才培养研讨会》,我国网络空间安全人才年培养规模在3万人左右,已培养的信息安全专业人才总量不足10万人,离目前需要的70万人差距巨大。导致许多监管机构缺乏网络安全人才,由于信息岗位编制的缺乏,造成人才对接不足,从而无法达到有效监管。

因此,还需建立权责分明、层次清晰的“技术+制度”数据应用监管体系和监管协调机制,运用科技监管方式,加快培养数据监管领域的专业人才,深入到规范数据应用的层次,根据数据应用对国家安全、公共利益等方面的影响程度划分中央和地方监管职责,构建更科学的大数据应用监管体系,为数据安全和数据产业的发展保驾护航。

(六)数据立法有待推进

目前,我国的法律对数据并无系统的规定,数据的法律关系,以数据为客体,并以该客体出发形成了法律对其产生、变更、消灭的调整问题。有关数据的法律问题,不仅关系到数据开发者、数据交易者的利益,更关系到数据主体自身的利益,这些都会影响数据产业的生存和发展。法律对数据保护的规定,需要规定一系列的制度,包括构成数据主体和客体制度、权利的内容、权利的限制、享有权利的期限、法律责任等。

我国数据安全保护制度尚需完善,大数据应用法律制度也有待健全。目前,我国对数据还未有相应的监管体系,此外,在法律责任制度方面,如何形成民事责任和行政责任、刑事责任相互衔接,层层递进的责任制度也是现今需要解决的问题。我国要想实现数据强国就要将大数据应用纳入法治轨道,在大数据治理中彰显法治精神,适度监管,规范各类数据的使用、交易等环节,明确法律责任,增进效益,保障国家安全、人民安全。

在数据的法律分散于各个部门法的背景下,制定一部专门针对数据的法律已经势在必行。在制定独立的数据保护法律过程中,应清晰界定数据的权属,确保在数据的采集、分析、传播、存储、交易、使用、共享与监管关系中建立有序健康的市场秩序,将安全原则、数据主权原则、公平原则、平等原则、公正原则、科学原则作为数据立法过程和最终所制定的法律法规贯彻的指导思想、立法目标及体现的基本精神。

(七)大数据司法实践仍待完善

目前,我国的大数据司法实践工作,触及了许多基本原则和规则问题,面临的不仅是微调、优化,更多的是需要突破制度性障碍,最终需要法律的修改和完善。但制度的生成、演化与创新是一个长期的积累过程,也是一个以相关制度资源的最佳配置为核心的动态平衡过程,现阶段应可以通过个案审理形成对社会行为的规则指引,彰显司法规制数据侵权行为、惩治针对数据的违法犯罪行为等职能作用。

传统司法的基本理念是克制主义,强调以保守的方式对待社会的发展变化,减少司法对社会的积极干预。但是在特定的时间段内,司法能动主义又会彰显,以积极参与的方式推动社会的发展进步,二者之间的矛盾常在司法实践中以诉讼的方式提交到司法者面前。大数据时代要求司法者倡导能动主义,这对于传统的克制主义在宏观理念上产生了冲击。大数据时代对社会发展的迅猛影响,相应也会要求司法发生相应的急速变化,在宏观理念上体现为能动主义的张扬。但是在现有司法系统仍然缺少较高的权威性以及丰富社会资源的背景下,多数法官更愿意选择稳妥的司法保守主义理念,从而与大数据时代的要求产生冲突。而互联网法院的价值恰好为打破此种保守理念带来了缺口,通过制度创新和技术应用的实践探索,为我国大数据领域的司法工作赋能,从而进一步发挥司法能动性,增强数据保护效果。

十、大数据法治发展指数报告

（一）地方政府大数据法治指数报告

互联网的应用已逐渐渗透到现代社会生产、生活的方方面面，海量数据随之产生，在此基础之上，大数据、人工智能、区块链等技术不断演进，进一步加快了信息化、数字化时代的前进步伐。近年来，数据资源对于技术发展、经济发展、社会发展、国家发展的重要价值已在世界范围内达成共识，如何充分利用数据资源，实现数据法治也成为世界各国共同面对的新挑战和新机遇。

基于数据在经济和社会发展中的基础性战略资源地位，数据治理工作的开展和推进对我国各级政府提出了更高要求。首先，在我国现有法律制度缺乏的背景下，地方政府出台的相关规范性文件和政策是当地数据治理工作最直接的指导方针；其次，地方政府对于数据产业的支持力度和管理理念会直接作用于该地数据技术的发展，影响数据治理工作的实效；最后，政府在采集、存储、处理地方核心数据的同时，也会在工作过程中产生大量具有提取分析价值的数据，因此政府的数据开放和共享是当地数据治理工作的重要组成部分。由此可见，政府需从本地的实际发展情况着手，因地制宜，多角度统筹规划，多部门组织协调才能高效推进数据治理工作，将数据资源转化为地方发展的动能。

地方政府大数据法治的指数评估工作,是在详细梳理各地方政府数据治理相关工作的基础上,依照指标体系对其数据治理工作进行的指数评估。此指数的评估,一方面,是对各地方政府在数据治理工作中所做出的探索和努力的肯定,对其数据治理成果的认可;另一方面,也是对尚未开展数据治理工作的地方政府的鼓励,希望各地政府能够将先行地区的先进经验与本地的实际发展需求相结合,探索更具实效的数据治理路径,将数据资源充分发掘和利用到本地的科技、经济和社会发展中去,将数据资源转化为地方发展的新动能。为数字中国的建设添砖加瓦,贡献经验和力量。

1. 指标设置

(1)指标体系

指标1 数据监管部门

1.1 设立状况

1.2 工作内容

1.3 工作实效

指标2 政策法规

2.1 规范领域

2.2 文件质量

指标3 数据项目

3.1 项目数量

3.2 项目类别

3.3 项目成果

指标4 政府数据开放共享

4.1 法规政策

4.2 组织机构

4.3 平台与数据

(2)一级指标

指标1 数据监管部门

地方数据监管部门是各地为了统筹规划、集中力量发展数据产业,实现区域内数据资源的集中配置而设立的。数据监管部门的主要职责包括:研究拟订并组织实施大数据战略、规划和政策措施,引导和推动数据资源治理和应用工作;协调、组织制定地方数据技术标准,研究拟定基础信息资源共享交换目录、技术规范和范围;组织制定数据收集、管理、开放、应用等标准规范;制定并组织实施智慧城市运行管理规范和部件标准;推动地方大数据形成机制的建立和开发应用;统筹规划建设工业大数据库,建立企业能耗、环保、安全生产监测指标等数据库;支撑量化融合公共信息平台的运行。数据监管部门的设立,是统筹地方数据产业发展和健全地方数据法治的基本途径,数据监管部门这一指标的设定是为了衡量地方政府对于促进数据产业发展,优化数据治理的重视程度,判断当地推进数据法治的专业程度。

指标 2　政策法规

政策法规包括两个部分:地方人大和政府出台的地方性法规、政府规章,以及地方政府发布的相关政策。规范性文件是地方促进大数据发展,确认数据监管部门的行政权力,统筹各行政机构权责的重要依据。政策则是地方政府统筹数据资源、推进数据产业发展、优化数据治理的总规划。制定合理的地方性政策法规有利于将国家政策和地方政策相结合,实现数字中国的发展战略与地方数字化战略的有机结合。此指标的设定用以评估地方数据治理的顶层设计,是当地实现数据法治的基本要件。

指标 3　数据项目

数据项目是指地方政府扶持发展的数据产业相关项目,包括数据技术创新、数据规范流通、数据资源开发利用、数据法治研究等各个领域的项目,既包含数据监管部门自行开展的相关项目,也包括政府依照数据发展战略计划所培育的产业类项目。由于数据产业的发展尚不成熟,其相关技术、理论的发展仍需探索,通过数据项目的开展和扶持,可以由点及面地推进数据领域的技术和理论创新,带动数据产业的进一步发展和完善。故而,设定数据项目这一指标,通过地方推进数据产业发展和数据法治研究的力度及实效,判断该地推进数据法治的进程。

指标 4　政府数据开放共享

2014 年国务院印发的《促进大数据发展行动纲要》的要求,2017 年年底前,明确各部门数据共享的范围边界和使用方式,跨部门数据资源共享共用格局基本形成,提出形成政府数据统一共享交换平台;2018 年年底前,建成国家政府数据统一开放平台。提升政府数据开放共享水平,有利于提高政府服务和监管水平。公共数据资源合理适度向社会开放,将带动社会公众开展大数据增值性、公益性开发和创新应用,充分释放数据红利,增进经济效益与社会效益。设定此指标旨在评估政府开放共享水平,反映政府在数据领域的行政能力与服务情况。

(3)二级指标

指标1 数据监管部门

1.1 设立状况

新时代数据产业的发展,需要一个专业性较强、权威度较高的政府部门来进行监管。数据治理工作渗透于政府工作的多个方面,工作涉及内容广泛且具有较强专业性,宜专门设立监管部门负责完善数据立法、推进数据产业发展、优化数据资源治理等工作。数据监管部门的设立对地方数据产业发展和数据法治建设的顶层规划具有重要意义。

1.2 工作内容

数据监管部门的工作职责涉及范围较广,包括地方数据立法、统筹规划地方数据产业发展、参与扶植数据项目等。本指标针对地方数据监管部门实际开展相关工作的范围进行评分,旨在鼓励大数据监管部门充分发挥作用,积极履行职责,推动地方产业发展和地方大数据法治建设。

1.3 工作实效

评判数据监管部门的工作,除了数量要素外,还要需考量质量要素,即该部门开展数据治理相关工作的工作实效。具体体现于政府数据治理工作能力的提高、地方数据产业的蓬勃发展、相关产业园区的建立、数据企业的健康运营等方面。该指标的设定旨在评价数据监管部门相关工作对当地产业发展的实际促进作用,目的是以评促建、以评促发展、以评促竞争,最终实现各地数据产业发展的齐头并进。

指标2 政策法规

2.1 规范领域

政策法规所规范的领域,直接反映了当地政府对于数据产业发展和数据治理工作的重视程度,决定了该地数据治理和数据产业发展有无顶层设计和相关依据。因此,地方性法规和政策性文件所涉范围的广度、所涉领域的宽度、所涉行业的多样性等,都是对该地政策法规制定情况进行评估的重要依据。

2.2 文件质量

政策法规不仅需统筹全面还需切合当地的实际情况和发展需求,具有较高的指导作用和可执行性,这就要求我们在评价地方政策法规制定情况的时候,将文件的质量作为必要条件加以考量。高质量的政策法规应具备目标合理、切实可行等特点,兼具推进价值和推行的可行性,在统筹当地数据产业发展工作的同时，深化、细化各项工作要求，明确划分权责，使该项政策或法规切实起到对当地数据产业的规范和促进作用。此指标的设定，是为了杜绝部分地区数据监管部门不顾本地的特殊发展情况和需求，盲目模仿跟风出台政策法规的行为，提高各地相关政策法规的质量，促进各地方间吸取彼此的数据法治经验，取长补短，从而整体提高地方数据法治水平，为国家数据立法积累可供参考的经验。

指标3　数据项目

3.1　项目数量

开展、扶持数据项目是地方政府促进数据产发展、推进数据相关技术和理论研究、培植新型数据企业的重要方式，是地方层面推进国家大数据战略的重要组成部分。数据项目的设立为创新经济发展方式、改善传统产业发展环境、引领创新潮流提供机会。此项目指标的设立旨在衡量各地方对数据技术创新、相关理论研究和数据产业推动的投入，鼓励各地针对本地传统产业的发展特点，积极开展数据应用领域的创新与发展，利用当地的优势资源，探寻地方数据治理的新路径，以创新和实务为数据产业的发展赋能。

3.2　项目类别

数据项目涉及数据技术创新、数据规范流通、数据资源开发利用、数据法治研究等多个领域，各个领域的项目对于地方数据产业发展和数据法治构建均具有重要意义。如数据应用相关项目是对于数据资源的转化与利用的基本研究和探索，对于数据资源的动能转化具有实质性的推动作用；而数据法治研究项目，是规范数据技术、解决产业发展需求的必由之路。设置此指标旨在通过各地数据项目的数量、类别，了解该地在数据治理领域的关注点和着力点，鼓励地方政府全面推进技术迭代、理论研究和产业进化，以创新驱动发展、引领发展，从而实现本地数据治理工作的可持续发展。

3.3　项目成果

数据项目设立的最终目的，是在数据产业的发展和相关理论的研究方面进行深入探索并积累经验，故而，项目的最终成果是衡量该地数据项目“价值”的标准。理论研究类的项目成果可通过相关报告或决策的制定体现，技术开发类的项目成果则体现为专利的取得、数据可视化平台的构建等，而产业类的项目成果则可通过建立起的数据产业园区、扶持成立的产业公司等进行判定。此指标旨在从项目对于该地区数据技术、理论、产业发展的实际促进效果进行评估，提倡地方数据监管部门注重项目质量，将项目经验和该经验推广、应用、转化的实际价值作为设立项目的最终目标。

指标4　政府数据开放共享

4.1　法规政策

法规政策对政府数据开放共享起到方向引导与制度保障作用,是政府数据资源共享开放工程、大数据资源统筹发展工程、政府治理大数据工程、公共服务大数据工程等系列工程的重要保证,也是强化数据开放共享过程中的安全保障的前提。应促进政府数据在风险可控原则下最大限度开放,明确政府统筹利用市场主体大数据的权限及范围。法规政策指标旨在评估数据开放保护等方面制度的科学性,判断政府实现对数据资源采集、传输、存储、利用、开放的规范管理的能力。

4.2　组织机构

统筹协调的政府数据开放共享统筹协调机制,有利于推动形成职责明晰、协同推进的工作格局,加强大数据与物联网、智慧城市、云计算等相关政策、规划的协同。明确各部门在政府数据开放共享中的分工与职责,实现科学有序发展。该指标旨在评价政府推进数据共享共用水平和促进大数据产业健康安全发展良好格局的能力。

4.3　平台与数据

平台是政府开放共享数据和社会公众获取数据的载体。平台具有数据整合与获取、工具提供和互动反馈等作用。

数据是政府开放共享的内容,也是核心。评估数据数量、数据质量、数据标准、数据时效性、数据覆盖面等具体指标,有利于揭示政府开放共享数据的可用性。平台与数据指标旨在政府数据开放共享数据的实质水平。

2. 大数据法治政府指数

表10－1　贵州省人民政府大数据法治指数

序号	一级指标	得分
指标1	数据监管部门	10
指标2	政策法规	8
指标3	数据项目	9
指标4	政府数据开放共享	9.5
均　分		9.125

表 10－2　广东省人民政府大数据法治指数

序号	一级指标	得分
指标 1	数据监管部门	10
指标 2	政策法规	8
指标 3	数据项目	8
指标 4	政府数据开放共享	8.5
均　分		8.625

表 10－3　浙江省人民政府大数据法治指数

序号	一级指标	得分
指标 1	数据监管部门	9
指标 2	政策法规	6
指标 3	数据项目	10
指标 4	政府数据开放共享	9
均　分		8.5

表 10－4　安徽省人民政府大数据法治指数

序号	一级指标	得分
指标 1	数据监管部门	8
指标 2	政策法规	7.5
指标 3	数据项目	9
指标 4	政府数据开放共享	9
均　分		8.375

表 10－5　贵阳市人民政府大数据法治指数

序号	一级指标	得分
指标 1	数据监管部门	10
指标 2	政策法规	10
指标 3	数据项目	3
指标 4	政府数据开放共享	10
均　分		8.25

表 10－6　山东省人民政府大数据法治指数

序号	一级指标	得分
指标 1	数据监管部门	8
指标 2	政策法规	4.5
指标 3	数据项目	8
指标 4	政府数据开放共享	9
均　分		7.375

表 10－7　上海市人民政府大数据法治指数

序号	一级指标	得分
指标 1	数据监管部门	10
指标 2	政策法规	3
指标 3	数据项目	7
指标 4	政府数据开放共享	9
均　分		7.25

表 10－8　福州市人民政府大数据法治指数

序号	一级指标	得分
指标 1	数据监管部门	8
指标 2	政策法规	6.5
指标 3	数据项目	9
指标 4	政府数据开放共享	4.75
均　分		7.0625

表 10－9　广州市人民政府大数据法治指数

序号	一级指标	得分
指标 1	数据监管部门	7
指标 2	政策法规	1.5
指标 3	数据项目	9
指标 4	政府数据开放共享	8.5
均　分		6.5

表 10－10 合肥市人民政府大数据法治指数

序号	一级指标	得分
指标 1	数据监管部门	7
指标 2	政策法规	4
指标 3	数据项目	9
指标 4	政府数据开放共享	6
均　分		6.5

表 10－11 成都市人民政府大数据法治指数

序号	一级指标	得分
指标 1	数据监管部门	7
指标 2	政策法规	2.5
指标 3	数据项目	7
指标 4	政府数据开放共享	9
均　分		6.375

表 10－12 福建省人民政府大数据法治指数

序号	一级指标	得分
指标 1	数据监管部门	6
指标 2	政策法规	5.5
指标 3	数据项目	2
指标 4	政府数据开放共享	10
均　分		5.875

表 10－13 天津市人民政府大数据法治指数

序号	一级指标	得分
指标 1	数据监管部门	9
指标 2	政策法规	4
指标 3	数据项目	10
指标 4	政府数据开放共享	0
均　分		5.75

表 10 – 14 北京市人民政府大数据法治指数

序号	一级指标	得分
指标 1	数据监管部门	0
指标 2	政策法规	4.5
指标 3	数据项目	9
指标 4	政府数据开放共享	8.5
均　分		5.5

表 10 – 15 江西省人民政府大数据法治指数

序号	一级指标	得分
指标 1	数据监管部门	8
指标 2	政策法规	3.5
指标 3	数据项目	2
指标 4	政府数据开放共享	8.5
均　分		5.5

表 10 – 16 深圳市人民政府大数据法治指数

序号	一级指标	得分
指标 1	数据监管部门	8
指标 2	政策法规	4
指标 3	数据项目	2
指标 4	政府数据开放共享	8
均　分		5.5

表 10 – 17 广西壮族自治区人民政府大数据法治指数

序号	一级指标	得分
指标 1	数据监管部门	7
指标 2	政策法规	1.5
指标 3	数据项目	9
指标 4	政府数据开放共享	4
均　分		5.375

表 10－18 哈尔滨市人民政府大数据法治指数

序号	一级指标	得分
指标 1	数据监管部门	10
指标 2	政策法规	1.5
指标 3	数据项目	2
指标 4	政府数据开放共享	8
均　分		5.375

表 10－19 杭州市人民政府大数据法治指数

序号	一级指标	得分
指标 1	数据监管部门	8
指标 2	政策法规	1.5
指标 3	数据项目	9
指标 4	政府数据开放共享	3
均　分		5.375

表 10－20 银川市人民政府大数据法治指数

序号	一级指标	得分
指标 1	数据监管部门	7
指标 2	政策法规	1
指标 3	数据项目	5
指标 4	政府数据开放共享	8.5
均　分		5.375

表 10－21 重庆市人民政府大数据法治指数

序号	一级指标	得分
指标 1	数据监管部门	8
指标 2	政策法规	6.5
指标 3	数据项目	4
指标 4	政府数据开放共享	3
均　分		5.375

表 10－22　常州市人民政府大数据法治指数

序号	一级指标	得分
指标 1	数据监管部门	9
指标 2	政策法规	1
指标 3	数据项目	2
指标 4	政府数据开放共享	8.5
均　分		5.125

表 10－23　青岛市人民政府大数据法治指数

序号	一级指标	得分
指标 1	数据监管部门	7
指标 2	政策法规	1.5
指标 3	数据项目	3
指标 4	政府数据开放共享	9
均　分		5.125

表 10－24　陕西省人民政府大数据法治指数

序号	一级指标	得分
指标 1	数据监管部门	0
指标 2	政策法规	2.5
指标 3	数据项目	7
指标 4	政府数据开放共享	9
均　分		4.625

表 10－25　宁夏回族自治区政府大数据法治指数

序号	一级指标	得分
指标 1	数据监管部门	0
指标 2	政策法规	2
指标 3	数据项目	7
指标 4	政府数据开放共享	8.5
均　分		4.375

表 10－26　兰州市人民政府大数据法治指数

序号	一级指标	得分
指标 1	数据监管部门	9
指标 2	政策法规	2.5
指标 3	数据项目	2
指标 4	政府数据开放共享	3.5
均　分		4.25

表 10－27　苏州市人民政府大数据法治指数

序号	一级指标	得分
指标 1	数据监管部门	0
指标 2	政策法规	2
指标 3	数据项目	10
指标 4	政府数据开放共享	5
均　分		4.25

表 10－28　海南省人民政府大数据法治指数

序号	一级指标	得分
指标 1	数据监管部门	0
指标 2	政策法规	5.5
指标 3	数据项目	3
指标 4	政府数据开放共享	8
均　分		4.125

表 10－29　宁波市人民政府大数据法治指数

序号	一级指标	得分
指标 1	数据监管部门	6
指标 2	政策法规	1.5
指标 3	数据项目	1
指标 4	政府数据开放共享	8
均　分		4.125

表 10－30　西宁市人民政府大数据法治指数

序号	一级指标	得分
指标 1	数据监管部门	10
指标 2	政策法规	1
指标 3	数据项目	2
指标 4	政府数据开放共享	3.5
均　分		4.125

表 10－31　沈阳市人民政府大数据法治指数

序号	一级指标	得分
指标 1	数据监管部门	8
指标 2	政策法规	2.5
指标 3	数据项目	2
指标 4	政府数据开放共享	3.5
均　分		4

表 10－32　湖北省人民政府大数据法治指数

序号	一级指标	得分
指标 1	数据监管部门	0
指标 2	政策法规	6.5
指标 3	数据项目	1
指标 4	政府数据开放共享	8.5
均　分		4

表 10－33　内蒙古自治区人民政府大数据法治指数

序号	一级指标	得分
指标 1	数据监管部门	6
指标 2	政策法规	4.5
指标 3	数据项目	2
指标 4	政府数据开放共享	3
均　分		3.875

表 10－34 徐州市人民政府大数据法治指数

序号	一级指标	得分
指标 1	数据监管部门	9
指标 2	政策法规	1
指标 3	数据项目	2
指标 4	政府数据开放共享	3.5
均　分		3.875

表 10－35 云南省人民政府大数据法治指数

序号	一级指标	得分
指标 1	数据监管部门	0
指标 2	政策法规	3
指标 3	数据项目	9
指标 4	政府数据开放共享	3.5
均　分		3.875

表 10－36 吉林省人民政府大数据法治指数

序号	一级指标	得分
指标 1	数据监管部门	7
指标 2	政策法规	2
指标 3	数据项目	6
指标 4	政府数据开放共享	0
均　分		3.75

表 10－37 江门市人民政府大数据法治指数

序号	一级指标	得分
指标 1	数据监管部门	6
指标 2	政策法规	1
指标 3	数据项目	2
指标 4	政府数据开放共享	5
均　分		3.5

表 10－38　菏泽市人民政府大数据法治指数

序号	一级指标	得分
指标 1	数据监管部门	0
指标 2	政策法规	1.5
指标 3	数据项目	4
指标 4	政府数据开放共享	8
均　分		3.375

表 10－39　威海市人民政府大数据法治指数

序号	一级指标	得分
指标 1	数据监管部门	0
指标 2	政策法规	1.5
指标 3	数据项目	4
指标 4	政府数据开放共享	8
均　分		3.375

表 10－40　河北省人民政府大数据法治指数

序号	一级指标	得分
指标 1	数据监管部门	0
指标 2	政策法规	7
指标 3	数据项目	2
指标 4	政府数据开放共享	4
均　分		3.25

表 10－41　河南省人民政府大数据法治指数

序号	一级指标	得分
指标 1	数据监管部门	0
指标 2	政策法规	4
指标 3	数据项目	1
指标 4	政府数据开放共享	8
均　分		3.25

表 10－42 济南市人民政府大数据法治指数

序号	一级指标	得分
指标 1	数据监管部门	0
指标 2	政策法规	2
指标 3	数据项目	3
指标 4	政府数据开放共享	8
均 分		3.25

表 10－43 丽水市人民政府大数据法治指数

序号	一级指标	得分
指标 1	数据监管部门	0
指标 2	政策法规	1
指标 3	数据项目	4
指标 4	政府数据开放共享	8
均 分		3.25

表 10－44 南京市人民政府大数据法治指数

序号	一级指标	得分
指标 1	数据监管部门	0
指标 2	政策法规	2
指标 3	数据项目	8
指标 4	政府数据开放共享	3
均 分		3.25

表 10－45 泰州市人民政府大数据法治指数

序号	一级指标	得分
指标 1	数据监管部门	0
指标 2	政策法规	2
指标 3	数据项目	2
指标 4	政府数据开放共享	9
均 分		3.25

表 10－46　南通市人民政府大数据法治指数

序号	一级指标	得分
指标 1	数据监管部门	5
指标 2	政策法规	1
指标 3	数据项目	3
指标 4	政府数据开放共享	3.5
均　分		3.125

表 10－47　扬州市人民政府大数据法治指数

序号	一级指标	得分
指标 1	数据监管部门	0
指标 2	政策法规	1
指标 3	数据项目	3
指标 4	政府数据开放共享	8.5
均　分		3.125

表 10－48　武汉市人民政府大数据法治指数

序号	一级指标	得分
指标 1	数据监管部门	0
指标 2	政策法规	3
指标 3	数据项目	1
指标 4	政府数据开放共享	8.5
均　分		3.125

表 10－49　东莞市人民政府大数据法治指数

序号	一级指标	得分
指标 1	数据监管部门	0
指标 2	政策法规	1
指标 3	数据项目	3
指标 4	政府数据开放共享	8
均　分		3

表 10－50 马鞍山市人民政府大数据法治指数

序号	一级指标	得分
指标 1	数据监管部门	0
指标 2	政策法规	1
指标 3	数据项目	3
指标 4	政府数据开放共享	8
均　分		3

表 10－51 珠海市人民政府大数据法治指数

序号	一级指标	得分
指标 1	数据监管部门	0
指标 2	政策法规	1
指标 3	数据项目	3
指标 4	政府数据开放共享	8
均　分		3

表 10－52 六安市人民政府大数据法治指数

序号	一级指标	得分
指标 1	数据监管部门	0
指标 2	政策法规	1
指标 3	数据项目	2
指标 4	政府数据开放共享	8.5
均　分		2.875

表 10－53 山西省人民政府大数据法治指数

序号	一级指标	得分
指标 1	数据监管部门	0
指标 2	政策法规	4.5
指标 3	数据项目	4
指标 4	政府数据开放共享	3
均　分		2.875

表10-54　中山市人民政府大数据法治指数

序号	一级指标	得分
指标1	数据监管部门	0
指标2	政策法规	1.5
指标3	数据项目	5
指标4	政府数据开放共享	5
均　分		2.875

表10-55　淄博市人民政府大数据法治指数

序号	一级指标	得分
指标1	数据监管部门	0
指标2	政策法规	1
指标3	数据项目	2
指标4	政府数据开放共享	8.5
均　分		2.875

表10-56　无锡市人民政府大数据法治指数

序号	一级指标	得分
指标1	数据监管部门	0
指标2	政策法规	2
指标3	数据项目	1
指标4	政府数据开放共享	8
均　分		2.75

表10-57　湖州市人民政府大数据法治指数

序号	一级指标	得分
指标1	数据监管部门	0
指标2	政策法规	2
指标3	数据项目	1
指标4	政府数据开放共享	8
均　分		2.75

表 10－58 长沙市人民政府大数据法治指数

序号	一级指标	得分
指标 1	数据监管部门	0
指标 2	政策法规	1
指标 3	数据项目	1
指标 4	政府数据开放共享	8.5
均 分		2.625

表 10－59 江苏省人民政府大数据法治指数

序号	一级指标	得分
指标 1	数据监管部门	0
指标 2	政策法规	5
指标 3	数据项目	2
指标 4	政府数据开放共享	3.5
均 分		2.625

表 10－60 台州市人民政府大数据法治指数

序号	一级指标	得分
指标 1	数据监管部门	0
指标 2	政策法规	2
指标 3	数据项目	5
指标 4	政府数据开放共享	3.5
均 分		2.625

表 10－61 黄石市人民政府大数据法治指数

序号	一级指标	得分
指标 1	数据监管部门	6
指标 2	政策法规	1
指标 3	数据项目	3
指标 4	政府数据开放共享	0
均 分		2.5

表 10－62　厦门市人民政府大数据法治指数

序号	一级指标	得分
指标 1	数据监管部门	0
指标 2	政策法规	2
指标 3	数据项目	4
指标 4	政府数据开放共享	4
均　分		2.5

表 10－63　咸阳市人民政府大数据法治指数

序号	一级指标	得分
指标 1	数据监管部门	7
指标 2	政策法规	1
指标 3	数据项目	2
指标 4	政府数据开放共享	0
均　分		2.5

表 10－64　中卫市人民政府大数据法治指数

序号	一级指标	得分
指标 1	数据监管部门	8
指标 2	政策法规	1
指标 3	数据项目	1
指标 4	政府数据开放共享	0
均　分		2.5

表 10－65　辽宁省人民政府大数据法治指数

序号	一级指标	得分
指标 1	数据监管部门	0
指标 2	政策法规	4
指标 3	数据项目	2
指标 4	政府数据开放共享	3.5
均　分		2.375

表 10－66　铜陵市人民政府大数据法治指数

序号	一级指标	得分
指标 1	数据监管部门	0
指标 2	政策法规	1.5
指标 3	数据项目	5
指标 4	政府数据开放共享	3
均　分		2.375

表 10－67　甘肃省人民政府大数据法治指数

序号	一级指标	得分
指标 1	数据监管部门	0
指标 2	政策法规	3.5
指标 3	数据项目	2
指标 4	政府数据开放共享	3.5
均　分		2.25

表 10－68　滨州市人民政府大数据法治指数

序号	一级指标	得分
指标 1	数据监管部门	0
指标 2	政策法规	1.5
指标 3	数据项目	2
指标 4	政府数据开放共享	5
均　分		2.125

表 10－69　湖南省人民政府大数据法治指数

序号	一级指标	得分
指标 1	数据监管部门	0
指标 2	政策法规	3
指标 3	数据项目	2
指标 4	政府数据开放共享	3.5
均　分		2.125

表 10－70　保山市人民政府大数据法治指数

序号	一级指标	得分
指标 1	数据监管部门	6
指标 2	政策法规	1
指标 3	数据项目	1
指标 4	政府数据开放共享	0
均　分		2

表 10－71　佛山市人民政府大数据法治指数

序号	一级指标	得分
指标 1	数据监管部门	0
指标 2	政策法规	1
指标 3	数据项目	2
指标 4	政府数据开放共享	5
均　分		2

表 10－72　惠州市人民政府大数据法治指数

序号	一级指标	得分
指标 1	数据监管部门	0
指标 2	政策法规	1
指标 3	数据项目	2
指标 4	政府数据开放共享	5
均　分		2

表 10－73　昆明市人民政府大数据法治指数

序号	一级指标	得分
指标 1	数据监管部门	6
指标 2	政策法规	1
指标 3	数据项目	1
指标 4	政府数据开放共享	0
均　分		2

表 10－74　青海省人民政府大数据法治指数

序号	一级指标	得分
指标 1	数据监管部门	0
指标 2	政策法规	2
指标 3	数据项目	2
指标 4	政府数据开放共享	4
均　分		2

表 10－75　石嘴山市人民政府大数据法治指数

序号	一级指标	得分
指标 1	数据监管部门	0
指标 2	政策法规	1
指标 3	数据项目	2
指标 4	政府数据开放共享	5
均　分		2

表 10－76　宣城市人民政府大数据法治指数

序号	一级指标	得分
指标 1	数据监管部门	0
指标 2	政策法规	1
指标 3	数据项目	2
指标 4	政府数据开放共享	5
均　分		2

表 10－77　南平市人民政府大数据法治指数

序号	一级指标	得分
指标 1	数据监管部门	0
指标 2	政策法规	1.5
指标 3	数据项目	3
指标 4	政府数据开放共享	3
均　分		1.875

表 10－78　四川省人民政府大数据法治指数

序号	一级指标	得分
指标 1	数据监管部门	0
指标 2	政策法规	2.5
指标 3	数据项目	1
指标 4	政府数据开放共享	4
均　分		1.875

表 10－79　黑龙江省人民政府大数据法治指数

序号	一级指标	得分
指标 1	数据监管部门	0
指标 2	政策法规	1
指标 3	数据项目	3
指标 4	政府数据开放共享	3
均　分		1.75

表 10－80　酒泉市人民政府大数据法治指数

序号	一级指标	得分
指标 1	数据监管部门	5
指标 2	政策法规	1
指标 3	数据项目	1
指标 4	政府数据开放共享	0
均　分		1.75

表 10－81　盘锦市人民政府大数据法治指数

序号	一级指标	得分
指标 1	数据监管部门	0
指标 2	政策法规	1.5
指标 3	数据项目	2
指标 4	政府数据开放共享	3.5
均　分		1.75

表 10－82　乌海市人民政府大数据法治指数

序号	一级指标	得分
指标 1	数据监管部门	0
指标 2	政策法规	1
指标 3	数据项目	1
指标 4	政府数据开放共享	5
均　分		1.75

表 10－83　阳江市人民政府大数据法治指数

序号	一级指标	得分
指标 1	数据监管部门	0
指标 2	政策法规	1
指标 3	数据项目	1
指标 4	政府数据开放共享	5
均　分		1.75

表 10－84　湛江市人民政府大数据法治指数

序号	一级指标	得分
指标 1	数据监管部门	0
指标 2	政策法规	1
指标 3	数据项目	1
指标 4	政府数据开放共享	5
均　分		1.75

表 10－85　西安市人民政府大数据法治指数

序号	一级指标	得分
指标 1	数据监管部门	0
指标 2	政策法规	1.5
指标 3	数据项目	1
指标 4	政府数据开放共享	3.5
均　分		1.5

表 10－86　廊坊市人民政府大数据法治指数

序号	一级指标	得分
指标 1	数据监管部门	0
指标 2	政策法规	1.5
指标 3	数据项目	1
指标 4	政府数据开放共享	3
均　分		1.375

表 10－87　淮南市人民政府大数据法治指数

序号	一级指标	得分
指标 1	数据监管部门	0
指标 2	政策法规	1
指标 3	数据项目	1
指标 4	政府数据开放共享	3
均　分		1.25

表 10－88　洛阳市人民政府大数据法治指数

序号	一级指标	得分
指标 1	数据监管部门	0
指标 2	政策法规	2
指标 3	数据项目	3
指标 4	政府数据开放共享	0
均　分		1.25

表 10－89　镇江市人民政府大数据法治指数

序号	一级指标	得分
指标 1	数据监管部门	0
指标 2	政策法规	1.5
指标 3	数据项目	3
指标 4	政府数据开放共享	0
均　分		1.125

表 10－90　石家庄市人民政府大数据法治指数

序号	一级指标	得分
指标 1	数据监管部门	0
指标 2	政策法规	2
指标 3	数据项目	2
指标 4	政府数据开放共享	0
均　分		1

表 10－91　西藏自治区人民政府大数据法治指数

序号	一级指标	得分
指标 1	数据监管部门	0
指标 2	政策法规	1
指标 3	数据项目	3
指标 4	政府数据开放共享	0
均　分		1

表 10－92　新疆维吾尔自治区人民政府大数据法治指数

序号	一级指标	得分
指标 1	数据监管部门	0
指标 2	政策法规	1
指标 3	数据项目	3
指标 4	政府数据开放共享	0
均　分		1

表 10－93　海北藏族自治州人民政府大数据法治指数

序号	一级指标	得分
指标 1	数据监管部门	0
指标 2	政策法规	1.5
指标 3	数据项目	2
指标 4	政府数据开放共享	0
均　分		0.875

表 10－94 柳州市人民政府大数据法治指数

序号	一级指标	得分
指标 1	数据监管部门	0
指标 2	政策法规	1.5
指标 3	数据项目	2
指标 4	政府数据开放共享	0
均　分		0.875

表 10－95 钦州市人民政府大数据法治指数

序号	一级指标	得分
指标 1	数据监管部门	0
指标 2	政策法规	1.5
指标 3	数据项目	2
指标 4	政府数据开放共享	0
均　分		0.875

表 10－96 贵安市人民政府大数据法治指数

序号	一级指标	得分
指标 1	数据监管部门	0
指标 2	政策法规	1
指标 3	数据项目	2
指标 4	政府数据开放共享	0
均　分		0.75

表 10－97 吕梁市人民政府大数据法治指数

序号	一级指标	得分
指标 1	数据监管部门	0
指标 2	政策法规	2
指标 3	数据项目	1
指标 4	政府数据开放共享	0
均　分		0.75

表 10－98　铜仁市人民政府大数据法治指数

序号	一级指标	得分
指标 1	数据监管部门	0
指标 2	政策法规	2
指标 3	数据项目	1
指标 4	政府数据开放共享	0
均　分		0.75

表 10－99　毕节市人民政府大数据法治指数

序号	一级指标	得分
指标 1	数据监管部门	0
指标 2	政策法规	1.5
指标 3	数据项目	1
指标 4	政府数据开放共享	0
均　分		0.625

表 10－100　赣州市人民政府大数据法治指数

序号	一级指标	得分
指标 1	数据监管部门	0
指标 2	政策法规	1.5
指标 3	数据项目	1
指标 4	政府数据开放共享	0
均　分		0.625

表 10－101　呼和浩特市人民政府大数据法治指数

序号	一级指标	得分
指标 1	数据监管部门	0
指标 2	政策法规	1.5
指标 3	数据项目	1
指标 4	政府数据开放共享	0
均　分		0.625

表 10－102　南宁市人民政府大数据法治指数

序号	一级指标	得分
指标 1	数据监管部门	0
指标 2	政策法规	1
指标 3	数据项目	1
指标 4	政府数据开放共享	0
均　分		0.5

表 10－103　阳泉市人民政府大数据法治指数

序号	一级指标	得分
指标 1	数据监管部门	0
指标 2	政策法规	1
指标 3	数据项目	1
指标 4	政府数据开放共享	0
均　分		0.5

(二)大数据交易中心规范化指数报告

数字经济时代大数据的商业价值凸显,数据产品存在广阔的市场需求。各类数据交易中心是实现数据交易的重要通道,各大中心建设的交易平台共同构成了我国大数据交易市场。目前,大数据交易中心对自身的定位不统一,采取不同方式管理数据交易,导致数据市场发展呈现非规范化现象。大数据交易高度专业化和技术化,制定和设计数据产品的出售方先天拥有信息优势,数据买受方的信息判断能力被弱化,这事实上强化了交易双方的不平等地位。数据标准和数据定价不统一、交易中心管理能力存在差异等因素可能导致数据市场的不公平竞争,引发大量侵权事件,最终损害数据交易的发展。因此,规范数据交易市场必然要求大数据交易中心向规范化方向发展,进而要求对大数据交易中心规范化水平进行测试并检测大数据交易中心的规范化程度。

本部分根据各大数据交易中心对交易主体、交易客体、交易行为以及交易平台的管理情况设置指标对其规范化水平进行评价,通过规范化水平评价各大数据交易中心的管理情况。本次评分的目标是鼓励管理水平较低的大数据交易中心完善管理措施,促进大数据交易中心健康发展和中国大数据交易市场规范化，维护数据交易市场秩序，保护交易主体合法权益。

1. 指数设置

(1)指标体系

指标1　数据管理

1.1　敏感数据保护

1.2　数据产品类别

1.3　数据产品定价

指标2　用户管理

2.1　资格审查

2.2　行为管理

指标3　交易管理

3.1　交易规则

3.2　交易方式

3.3　争议解决

指标4　平台管理

4.1　平台建设

4.2　平台维护

4.3　应急预案

(2)指数一级指标

指标1　数据管理

数据交易能形成市场是因为数据产品本身具有商业价值，数据产品能指导个人的生活和工作，指导企业进行生产经营决策，指导政府进行社会管理和服务。同时，具有商业价值的数据来源于个人、企业、政府等社会主体，隐秘数据被做成产品进入流通领域会严重损害这些主体的权利。另外，适合交换的数据产品能否以公平合理的价格在市场中交换影响着交易主体的权利保护和数据市场的基本秩序。因此，大数据交易中心是否采取合理措施管理数据产品是评价一个大数据交易中心是否规范的重要因素。

指标2　用户管理

数据的供给方和需求方是大数据交易的重要主体，交易双方通过大数据交易中心的平台进行身份认证并从事数据交易。大数据交易中心是沟通二者的重要桥梁，一边招募数据供给方，另一边扩展需求方市场。数据交易频繁需要有效的用户管理来避免交易摩擦、提高交易效率、保障交易安全。因此，是否采取有效的用户管理方式是评价大数据交易中心规范化的重要因素。

指标3　交易管理

交易管理是指大数据交易中心对交易双方交易行为的管理。规范化的交易管理可以增强交易过程的公开度,可以增强交易对方行为的可预见性;同时,规范的交易流程可以减少成交的障碍,提高交易效率。因此,大数据交易中心是否采取合理措施管理交易过程是评价其规范化程度的重要方面。

指标4　平台管理

大数据交易平台建设通过建设线上交易平台公布交易价格、交易品种以及交易规则等相关市场信息。卖方通过线上平台展示数据产品,买方则通过平台挑选数据产品,因此线上平台是实现数据交易的重要通道。规范的平台能够给用户提供全面的交易信息,使大数据交易便利化。因此,平台建设和管理是否规范是评价大数据交易中心规范化程度的重要指标。

(3)指数二级指标

指标1　数据管理

1.1　敏感数据保护

个人、企业、政府等社会主体是数据的原始生产者,这些主体的权利保护是大数据产品交易需要考虑的重要方面。对数据产品进行清洗和脱敏处理是大数据产品安全交易的前提,因此大数据交易中心是否采取合理措施防止敏感数据进入交易市场是判断其数据服务和管理是否规范的重要考量因素。

1.2　数据产品类别

数据产品类别包括两个方面,即数据产品的覆盖范围和数据产品的分类方式。数据产品种类是否丰富、覆盖范围是否全面影响大数据商业价值开发的广度;数据产品分类是否合理影响了数据产品对买方的效用价值,分类越细则数据产品的针对性越强,则其商业价值开发越深。因此,数据产品类别应该作为评价大数据交易中心规范程度的重要因素。数据产品的覆盖范围是一个相对的概念,对于提供综合性数据产品的大数据交易中心而言,数据产品丰富是指数据产品分类合理且全面覆盖社会行业和领域,对于专门提供某一特定行业数据产品的大数据交易中心而言,其提供的数据产品则需要覆盖该领域的相关信息。

1.3　数据产品定价

影响数据交易的另一个重要因素就是数据产品定价。数据产品的定价不仅考虑采集和分析数据所投入的成本,更重要的是数据需求方对该数据产品预估的潜在价值。需求方对数据产品的潜在价值越乐观就越愿意出高价购买,反之,成本高昂的数据产品也可能没有市场。由于很难对数据产品进行价值评估,因此数据交易过程中欺诈和不公平交易的概率增大。合理的定价方式直接影响着对交易主体的权益保护,因此是否具有规范的定价方法是评价大数据交易中心规范程度的重要方面。

指标2 用户管理

2.1 资格审查

资格审查包括数据提供方的资格审查和数据需求方的资格审查,供给方承担风险的能力、组织机构等因素直接影响数据产品的质量以及侵犯他人权利时承担损害赔偿责任的能力,需求方的权利能力和行为能力影响交易行为的有效性以及责任承担。因此,大数据交易中心如何设定用户资格标准以及是否采用合理方式进行资格审查关系大数据交易安全。

2.2 行为监督

指标3 交易管理

3.1 交易规则

交易规则是大数据交易参与者的行为准则,其为数据提供方、数据需求方以及大数据交易中心制定合理的行为方式。规则本身是一种行为规范,交易规则的数量和质量体现了大数据交易中心的规范化程度。

3.2 交易方式

交易方式是大数据交易中心对数据交易进行管理的重要方式,设计合理的交易方式可以节约交易时间,也便于交易中心对交易过程进行监督。因此,是否提供规范的交易方式是评价大数据交易中心规范程度的重要指标。

3.3 争议解决

大数据交易尚处于发展阶段,及时解决争议有利于维护交易稳定、减少诉讼争议,助力大数据交易稳定发展。大数据交易过程中涉及三方主体,即数据提供方、数据购买方以及大数据交易中心,争议解决包括买卖双方之间的争议解决以及买卖双方与平台之间的争议解决。

指标4 平台管理

4.1 平台建设

线上平台是大数据交易的重要场所,大数据交易中心应当规范平台建设,为用户提供全面、有效的,可获得的市场信息。完善的平台可以提升用户的体验感,增强大数据交易操作的便捷性。因此,大数据交易中心健全平台建设和管理可以促进大数据交易发展,因此平台建设应当作为评价大数据交易中心规范程度的重要指标。

4.2 平台维护

平台维护涉及数据交易平台的安全、稳定以及信息的时效性。安全稳定且能为用户提供及时信息服务的平台能增强用户的信任感,为大数据交易中心创造良好的运营环境并开拓更广阔的用户市场。因此,是否采取规范的方式进行平台维护是重要的评价指标。

4.3 应急预案

交易平台面临物理破坏和技术入侵两方面的风险。物理破坏是指支持大数据交易的电脑设备等物理基础等遭到人为破坏或者由于自然灾害遭受损害,从而威胁大数据的正常交易;技术入侵是指支持大数据交易的交易系统和程序等技术基础遭受攻击,交易平台是数据交易的虚拟市场,技术化提高了交易的便利性和效率性,但同时也增加了潜在的技术风险。因此,大数据交易中心是否设置必要的应急处置措施以应对物理和技术方面的攻击来保证大数据交易的安全性是评价其规范化程度的重要因素。

2. 大数据交易中心规范化指数

本次评价以大数据交易中心建设的线上交易平台所公布的信息为基础,设置4项一级指标,每项一级指标均为10分,最后得分为4项指标的平均分。尚未建立线上交易平台的网站,由于不稳定而无法获取有效信息的大数据交易中心未被纳入本次评价范围之内。

表10-104 贵阳大数据交易所有限公司(贵阳大数据交易中心)大数据法治指数

序号	一级指标	得分
指标1	数据管理	9.3333
指标2	用户管理	10
指标3	交易管理	9.3333
指标4	平台管理	5.3333
均　分		8.5

表 10－105　上海数据交易中心有限公司(上海大数据交易中心)大数据法治指数

序号	一级指标	得分
指标 1	数据管理	10
指标 2	用户管理	7
指标 3	交易管理	6.6667
指标 4	平台管理	9.3333
均　分		8.25

表 10－106　湖北华中大数据交易股份有限公司(华中大数据交易所)大数据法治指数

序号	一级指标	得分
指标 1	数据管理	8.6667
指标 2	用户管理	8
指标 3	交易管理	6.6667
指标 4	平台管理	7.3333
均　分		7.6667

表 10－107　阿里云计算有限公司(阿里云数据市场)大数据法治指数

序号	一级指标	得分
指标 1	数据管理	6
指标 2	用户管理	10
指标 3	交易管理	2.6667
指标 4	平台管理	5.3333
均　分		6

表 10－108　杭州钱塘大数据交易中心有限公司(钱塘大数据交易中心)大数据法治指数

序号	一级指标	得分
指标 1	数据管理	7.3333
指标 2	用户管理	8
指标 3	交易管理	2.6667
指标 4	平台管理	5.3333
均　分		5.8333

表 10-109 哈尔滨数据交易中心有限公司(哈尔滨数据交易中心)大数据法治指数

序号	一级指标	得分
指标 1	数据管理	4
指标 2	用户管理	5
指标 3	交易管理	6
指标 4	平台管理	6
均 分		5.25

表 10-110 北京京东尚科信息技术有限公司(京东万象)大数据法治指数

序号	一级指标	得分
指标 1	数据管理	5.3333
指标 2	用户管理	8
指标 3	交易管理	2
指标 4	平台管理	5.3333
均 分		5.1667

表 10-111 浪潮卓数大数据产业发展有限公司(天元数据)大数据法治指数

序号	一级指标	得分
指标 1	数据管理	5.3333
指标 2	用户管理	7
指标 3	交易管理	1.3333
指标 4	平台管理	6.6667
均 分		5.0833

表 10-112 北京阿拉丁立方信息技术有限公司(阿拉丁大数据)大数据法治指数

序号	一级指标	得分
指标 1	数据管理	4
指标 2	用户管理	5
指标 3	交易管理	4
指标 4	平台管理	6.6667
均 分		4.9167

表 10－113　贵州数据宝网络科技有限公司(数据宝)大数据法治指数

序号	一级指标	得分
指标 1	数据管理	1.3333
指标 2	用户管理	10
指标 3	交易管理	2
指标 4	平台管理	5.3333
均　分		4.6667

表 10－114　国信优易数据有限公司(优易数据)大数据法治指数

序号	一级指标	得分
指标 1	数据管理	7.3333
指标 2	用户管理	3
指标 3	交易管理	1.3333
指标 4	平台管理	6.6667
均　分		4.5833

表 10－115　青岛大数据交易中心有限公司(青岛大数据交易中心)大数据法治指数

序号	一级指标	得分
指标 1	数据管理	6
指标 2	用户管理	5
指标 3	交易管理	2
指标 4	平台管理	5.3333
均　分		4.5833

表 10－116　北京百度网讯科技有限公司(百度 APIStore)大数据法治指数

序号	一级指标	得分
指标 1	数据管理	4
指标 2	用户管理	10
指标 3	交易管理	0
指标 4	平台管理	4
均　分		4.5

表 10－117　深圳中商情大数据股份有限公司(千数堂)大数据法治指数

序号	一级指标	得分
指标 1	数据管理	3.3333
指标 2	用户管理	8
指标 3	交易管理	0
指标 4	平台管理	5.3333
均　分		4.1667

表 10－118　上海连源信息科技有限公司(发源地)大数据法治指数

序号	一级指标	得分
指标 1	数据管理	2.6667
指标 2	用户管理	6
指标 3	交易管理	2.6667
指标 4	平台管理	5.3333
均　分		4.1667

表 10－119　西咸新区大数据交易所有限责任公司(西咸新区大数据交易所)大数据法治指数

序号	一级指标	得分
指标 1	数据管理	5.3333
指标 2	用户管理	6
指标 3	交易管理	0
指标 4	平台管理	5.3333
均　分		4.1667

表 10－120 武汉东湖大数据交易中心股份有限公司(武汉东湖大数据交易中心)大数据法治指数

序号	一级指标	得分
指标 1	数据管理	5.3333
指标 2	用户管理	7
指标 3	交易管理	0
指标 4	平台管理	4
均　分		4.0833

表 10－121 华东江苏大数据交易中心股份有限公司(华东江苏大数据交易平台)大数据法治指数

序号	一级指标	得分
指标 1	数据管理	5.3333
指标 2	用户管理	7
指标 3	交易管理	0
指标 4	平台管理	4
均　分		4.0833

表 10－122 深圳视界信息技术有限公司(数多多)大数据法治指数

序号	一级指标	得分
指标 1	数据管理	2.6667
指标 2	用户管理	8
指标 3	交易管理	0
指标 4	平台管理	5.3333
均　分		4

表 10-123 东华光谱大数据技术有限公司(光谱数据)大数据法治指数

序号	一级指标	得分
指标1	数据管理	4.6667
指标2	用户管理	0
指标3	交易管理	4.6667
指标4	平台管理	5.3333
均　分		3.6667

表 10-124 广州简亦迅信息科技有限公司(iDataAPI)大数据法治指数

序号	一级指标	得分
指标1	数据管理	3.3333
指标2	用户管理	5
指标3	交易管理	0
指标4	平台管理	5.3333
均　分		3.4167

表 10-125 天聚地合(苏州)数据股份有限公司(聚合数据)大数据法治指数

序号	一级指标	得分
指标1	数据管理	3.3333
指标2	用户管理	5
指标3	交易管理	0
指标4	平台管理	5.3333
均　分		3.4167

表 10-126 北京数粮信息科技有限公司(数粮)大数据法治指数

序号	一级指标	得分
指标1	数据管理	3.3333
指标2	用户管理	3
指标3	交易管理	0
指标4	平台管理	5.3333
均　分		2.9167

表 10 - 127 安徽数洋科技有限公司(大海洋数据服务平台)大数据法治指数

序号	一级指标	得分
指标 1	数据管理	4.6667
指标 2	用户管理	3
指标 3	交易管理	0
指标 4	平台管理	4
均　分		2.9167

表 10 - 128 合肥乐维信息技术有限公司(大数据采集器)大数据法治指数

序号	一级指标	得分
指标 1	数据管理	0
指标 2	用户管理	4
指标 3	交易管理	0
指标 4	平台管理	7.3333
均　分		2.8333

表 10 - 129 合肥乐维信息技术有限公司(火车采集器)大数据法治指数

序号	一级指标	得分
指标 1	数据管理	0
指标 2	用户管理	4
指标 3	交易管理	0
指标 4	平台管理	7.3333
均　分		2.8333

表 10 - 130 广州数读信息技术有限公司(数读)大数据法治指数

序号	一级指标	得分
指标 1	数据管理	1.3333
指标 2	用户管理	5
指标 3	交易管理	0
指标 4	平台管理	4.6667
均　分		2.75

表 10－131 苏州国云数据科技有限公司(国云数据)大数据法治指数

序号	一级指标	得分
指标 1	数据管理	2.6667
指标 2	用户管理	3
指标 3	交易管理	0
指标 4	平台管理	4.6667
均 分		2.5834

表 10－132 数据堂(北京)科技股份有限公司(数据堂)大数据法治指数

序号	一级指标	得分
指标 1	数据管理	2.6667
指标 2	用户管理	0
指标 3	交易管理	0
指标 4	平台管理	6.6667
均 分		2.3334

表 10－133 北京国政通科技有限公司大数据法治指数

序号	一级指标	得分
指标 1	数据管理	3.3333
指标 2	用户管理	0
指标 3	交易管理	0
指标 4	平台管理	5.3333
均 分		2.1667

表 10－134 华云数据集团有限公司(华云数据)大数据法治指数

序号	一级指标	得分
指标 1	数据管理	3.3333
指标 2	用户管理	0
指标 3	交易管理	0
指标 4	平台管理	5.3333
均 分		2.1667

表 10-135 中源数聚(北京)信息科技有限公司(中国管理大数据交易平台)大数据法治指数

序号	一级指标	得分
指标 1	数据管理	1.3333
指标 2	用户管理	2
指标 3	交易管理	0
指标 4	平台管理	4
均　分		1.8333

表 10-136 浙江大数据交易中心有限公司(浙江大数据交易中心)大数据法治指数

序号	一级指标	得分
指标 1	数据管理	0
指标 2	用户管理	2
指标 3	交易管理	0
指标 4	平台管理	4
均　分		1.5

表 10-137 吉林省东北亚大数据交易服务中心有限公司(东北亚大数据交易中心)大数据法治指数

序号	一级指标	得分
指标 1	数据管理	3.3333
指标 2	用户管理	0
指标 3	交易管理	0
指标 4	平台管理	2.6667
均　分		1.5

表 10 - 138 全域大数据产品交易中心有限责任公司大数据法治指数

序号	一级指标	得分
指标 1	数据管理	1.3333
指标 2	用户管理	0
指标 3	交易管理	0
指标 4	平台管理	4
均　分		1.3333

表 10 - 139 上海云贝网络科技有限公司(网聚宝)大数据法治指数

序号	一级指标	得分
指标 1	数据管理	0
指标 2	用户管理	0
指标 3	交易管理	0
指标 4	平台管理	5.3333
均　分		1.3333

表 10 - 140 中青联盟大数据研究(北京)有限公司(抓手数据)大数据法治指数

序号	一级指标	得分
指标 1	数据管理	0
指标 2	用户管理	0
指标 3	交易管理	0
指标 4	平台管理	4.6667
均　分		1.1667

表 10 - 141 河北大数据交易中心有限公司数据法治指数

序号	一级指标	得分
指标 1	数据管理	0
指标 2	用户管理	2
指标 3	交易管理	0
指标 4	平台管理	0
均　分		0.5

表 10-142 北京久其智通数据科技有限公司大数据法治指数

序号	一级指标	得分
指标 1	数据管理	1.3333
指标 2	用户管理	0
指标 3	交易管理	0
指标 4	平台管理	0
均　分		0.3333

图书在版编目(CIP)数据

中国大数据法治发展报告 ：2018 / 李爱君主编. --
北京 ：法律出版社，2019
(中国政法大学互联网金融法律研究院文库)
ISBN 978 - 7 - 5197 - 3950 - 8

Ⅰ. ①中… Ⅱ. ①李… Ⅲ. ①社会主义法制－研究报告－中国－2018 Ⅳ. ①D920.0

中国版本图书馆 CIP 数据核字(2019)第 212246 号

中国大数据法治发展报告(2018)
ZHONGGUO DASHUJU FAZHI FAZHAN BAOGAO(2018)

李爱君 主编

策划编辑 沈小英
责任编辑 刘晓萌
装帧设计 马 帅

出版 法律出版社
总发行 中国法律图书有限公司
经销 新华书店
印刷 中煤(北京)印务有限公司
责任校对 杨锦华
责任印制 吕亚莉

编辑统筹 法治与经济出版分社
开本 710 毫米×1000 毫米 1/16
印张 13.75
字数 247 千
版本 2019 年 10 月第 1 版
印次 2019 年 10 月第 1 次印刷

法律出版社/北京市丰台区莲花池西里 7 号(100073)
网址/www.lawpress.com.cn
投稿邮箱/info@lawpress.com.cn
举报维权邮箱/jbwq@lawpress.com.cn
销售热线/400 - 660 - 8393
咨询电话/010 - 63939796

中国法律图书有限公司/北京市丰台区莲花池西里 7 号(100073)
全国各地中法图分、子公司销售电话：
统一销售客服/400 - 660 - 8393/6393
第一法律书店/010 - 83938432/8433
西安分公司/029 - 85330678
重庆分公司/023 - 67453036
上海分公司/021 - 62071639/1636
深圳分公司/0755 - 83072995

书号：ISBN 978 - 7 - 5197 - 3950 - 8
定价：78.00 元
(如有缺页或倒装，中国法律图书有限公司负责退换)